PLANTES CARNIVORES

Photo de couverture : *Heliamphora nutans*
Photo ci-contre (p. 3) fleur d'*Heliamphora nutans*

CRÉDITS PHOTOGRAPHIQUES
Toutes les photos sont de l'auteur, à l'exception de :
M. Auber : p.31 (haut)
F. Blanchard : pp. 10 et 21
P. Fournol : p. 30
L. Sadchikoff : rabat de gauche et p. 49 (haut)
Y. A. Utz : p. 31 (bas)

Dessins : Mickaël Mourot (pp. 17 haut-droite, 18, 19, 29, 33) et Bruno Conquet (p. 17 haut-gauche et bas)

ISBN 2-84138-118-8

5 rue de Charonne 75011 Paris
Tél. 01 48 05 03 03 / Fax 01 48 05 02 04
www.editions-ulmer.fr
Conception graphique : C. Declerck
Réalisation : M.-B. Baschet
Impression : I.M.E. Baume-les-Dames
Dépôt légal : 3ème trimestre 2000
Imprimé en France

JEAN-JACQUES LABAT

PLANTES CARNIVORES

Comment les cultiver facilement

ULMER

SOMMAIRE

PRÉFACE

L'homme, dans son souci permanent de classement du monde vivant, a réuni sous la même dénomination de "Plantes carnivores" des végétaux d'origine et de climats variés et de familles fort diverses. Mais toutes ces plantes ont en commun une caractéristique particulière : ce petit penchant pour le monde animal qui, pour une fois, devient victime et non prédateur. Il est heureux que des personnalités comme Jean-Jacques Labat acceptent de partager leurs connaissances et nous fassent ainsi pénétrer dans le monde si particulier de ces plantes de milieux pauvres et difficiles, qui pour survivre sont devenues partiellement amateurs d'insectes voire de petits mammifères. Malgré sa modestie dans la diffusion de sa passion, il a su réunir dans cet ouvrage savoir-faire, rigueur botanique et technique, nés d'une longue expérience professionnelle avec l'amour porté aux plantes de sa collection, l'une des plus riches du monde.

Yves-Marie Allain, Directeur du Service des cultures
du Museum national d'Histoire naturelle

QU'EST-CE QU'UNE

Le petit monde des amateurs est divisé en deux : ceux qui les qualifient d'insectivores, et ceux qui leur préfèrent le terme de carnivores. Pour les premiers, il existe peut-être une méconnaissance du type de proies capturées, ou plus profondément la crainte de voir un végétal carnivore exister, bouleversant ainsi l'ordre naturel et rassurant des choses qui veut que ce soit la chenille qui dévore la salade. Ici, c'est l'inverse !
Les seconds ont une connaissance de la diversité des victimes, et à travers le terme « carnivore » courent sans doute encore après un vieux rêve d'enfant : le mythe, presque réalisé, du végétal anthropophage…

Mais ces plantes n'ont pas vraiment tranché la question. Elles digèrent, bien sûr, majoritairement des insectes, papillons, mouches, petits crustacés, mais aussi parfois des vers et parfois même de petits mammifères de la taille d'un rat (certains *Nepenthes*).

Pour ma part, j'ai pu observer sur mes *Dionaea* des captures d'insectes (mouches, …), de gastéropodes (limaces, …) et de batraciens (tritons et grenouilles).

UNE ADAPTATION AUX MILIEUX PAUVRES

L'apparition de la carnivorité chez les plantes est difficile à déceler. Pas vraiment de date, on connaît quelques fossiles dont les plus anciens remontent à 85 millions d'années et qui semblent être

À gauche, le rare *Drosera longifolia* en milieu naturel, dans le Jura. À droite, la floraison d'*Utricularia australis*.

PLANTE CARNIVORE ?

des ancêtres d'*Aldrovanda vesiculosa*. Pour l'origine, on doit plutôt évoquer un long cheminement, différent d'un groupe de plantes à l'autre, conduisant certaines espèces vers la capture de proies, puis, fait essentiel, à leur digestion. Leur alimentation, ainsi enrichie en éléments nutritifs, leur permet de s'adapter aux milieux très pauvres où on les rencontre essentiellement : tourbières acides, eaux acides, sols sableux lessivés, et, parfois, habitats épiphytes.

Biotope typique à *Pinguicula grandiflora* dans les Pyrénées, ici une forme aux couleurs de fleurs inhabituelles.

Encore faut-il préciser que la notion de milieux « pauvres » ou « carencés » est toute relative puisqu'ils constituent l'habitat normal des plantes carnivores. Ce que nous appelons des milieux « riches », ou « normalement pourvus », peuvent leur être tout à fait toxiques... Elles s'y trouvent, par ailleurs, confrontées à la concurrence des végétaux classiques, qui prennent alors le dessus.

Sur un total d'environ 250.000 espèces de plantes à fleurs, seules quelque 550 sont recensées comme carnivores, ce qui est très peu. Elles se répartissent en 9 ou 10 familles, 17 ou 18 genres. (Il faut également signaler que plus de 150 champignons ont aussi opté pour ce type de nutrition). Seuls les genres *Brocchinia*, *Catopsis*, (famille des *Bromeliaceae*) et *Paepalanthus* (famille des *Eriocaulaceae*) sont des monocotylédones. Les autres genres sont tous des dicotylédones. Certains genres se retrouvent sur tous les continents, comme *Utricularia* et *Drosera*, qui représentent à eux deux les trois-quarts des espèces. D'autres, comme *Cephalotus* en Australie, sont très localisés. Seuls les vrais déserts et les pôles en sont dépourvus. Terrestres, aquatiques ou épiphytes (c'est-à-dire vivant sur les branches et les troncs d'arbres et non dans le sol), ces végétaux occupent des biotopes variés (marais, tourbières,

Les fleurs des plantes carnivores sont souvent situées au sommet de longues tiges très éloignées des pièges, mortels pour les pollinisateurs potentiels.

savanes marécageuses, lacs, ...) et des altitudes diverses, du niveau de la mer à plus de 3000 mètres. La flore française compte plus de 20 taxons sauvages (espèces, sous-espèces, variétés, formes et hybrides naturels) : 4 droséras, 13 grassettes (*Pinguicula*), 6 utriculaires et 1 Aldrovanda (?).

LES TYPES DE PIÈGES

Les mécanismes servant à attirer, guider, voire capturer temporairement les animaux, ne sont pas spécifiques aux plantes carnivores. Ils sont monnaie courante chez les plantes à fleurs où couleurs, parfums, et nectar n'ont pour autre but que d'assurer la reproduction. Avec les plantes carnivores, ces artifices ne servent pas à la reproduction mais à la nutrition, en guidant les futures proies vers les pièges où elles seront capturées puis digérées.

Il faut noter que seules les feuilles forment des pièges et jamais les fleurs : c'est que les plantes carnivores ont aussi besoin, parfois, d'insectes vivants pour assurer leur pollinisation. Aussi leurs fleurs se trouvent-elles souvent à l'extrémité de longs pédoncules soigneusement éloignés des zones de capture !

Les pièges sont séparés en deux groupes : actifs et passifs. Les premiers possèdent un mouvement plus ou moins rapide de fermeture ou d'enroulement des feuilles sur leurs proies. Les seconds n'en possèdent aucun. Ils sont de forme et de taille très variables, souvent d'une grande ingéniosité. Les différents systèmes sont les suivants :

Le piège à loup de la dionée et ses poils sensibles sur la face intérieure.

– Pièges à loup de *Dionaea et Aldrovanda* : constitués par une mâchoire, ils se referment rapidement en 1/30 s à 1/50 s. Le piège de la dionée est bien connu : son mécanisme est actionné par des petits poils sensibles situés à l'intérieur du piège. Les proies y sont attirés par la coloration rouge des lobes et la présence de glandes nectarifères. Il faut noter que le piège ne se referme qu'au deuxième contact avec un des poils sensibles, ce qui permet d'éviter les fermetures inutiles. Chez *Aldrovanda*, le mécanisme est similaire, quoique que le piège ne mesure que quelques millimètres et que les captures sont aquatiques.

– Pièges à glu de *Byblis*, *Drosera*, *Drosophyllum*, *Ibicella*, *Pinguicula*, *Triphyophyllum*. Ces plantes secrètent des gouttelettes adhésives (des mucilages) sur lesquelles les proies se collent. La capture est passive, mais chez les droséras on assiste ensuite à un repli progressif de la feuille autour de la proie qui multiplie ainsi la surface de contact et améliore la digestion. De même, le limbe des feuilles des grassettes (*Pinguicula*) se replient sur leurs bords. Les autres plantes de ce groupe restent totalement passives.

Pièges à glu de *Drosera burmanni* (à gauche) et d'*Ibicella lutea* (à droite).

– Piège à aspiration des utriculaires (*Utricularia*). Il s'agit d'outres disposées le long des racines qui sont munies d'un clapet dont l'ouverture commandée par des cils sensibles, entraîne l'aspiration de leurs minuscules proies en 1/50 s à 1/500 s. Les utriculaires, très discrètes et méconnues, constituent à elles seules près de la moitié de toutes les espèces de plantes carnivores. Elles sont aquatiques, mais aussi terrestres ou épiphytes.

Pièges à aspiration des utriculaires.

– Piège en nasse de *Genlisea* : cette plante, vivant dans la vase ou le sable humide, possède des pièges en tubes spiralés, dans lesquels les minuscules proies pénètrent. Retenues par une pilosité à rebrousse-poil, elles sont progressivement digérées au cours de leur trajet vers une « chambre » où elles sont finalement assimilées.

Piège en nasse de *Genlisea*.

Pièges à urnes d'*Heliamphora*, à gauche, *Sarracenia* au milieu, et *Nepenthes*, à droite.

– Pièges à urnes de *Brocchinia*, *Catopsis*, *Cephalotus*, *Darlingtonia*, *Heliamphora*, *Nepenthes*, *Paepalanthus*, *Sarracenia* : évoquant des tubes, des vases, des cornets, des souliers ou des nasses, ces feuilles transformées, nommées dans le langage botanique « ascidies », forment des pièges d'où les proies n'arrivent plus à s'échapper. En aucun cas les clapets qui se trouvent au sommet de certaines de ces urnes ne se referment sur leurs proies : la capture reste passive. On distingue parfois trois zones : une première zone, destinée à attirer les insectes au moyen de nectar et de couleurs remarquables ; une deuxième zone, cireuse, sur laquelle les insectes glissent ; une troisième zone, enfin, dans le fond de l'urne, remplie d'eau ou de sucs digestifs dans lesquels les insectes se noient et sont digérés.

Pour mémoire, les champignons *Holenbuehelia*, *Resupinatus*, quant à eux utilisent des disques adhésifs, d'autres des nœuds coulants.

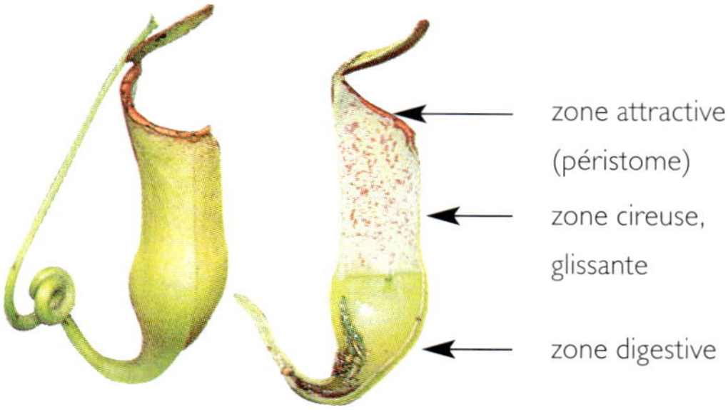

Coupe d'une urne de *Nepenthes* (*N. wieillardii*) prise dans son habitat naturel en Nouvelle Calédonie.

LA DIGESTION

Plus que la capture des proies, c'est la capacité à les digérer qui caractérise les plantes carnivores.

Car il existe bien d'autres plantes qui piègent des insectes, sans apparemment en tirer un quelconque profit. Pierre Jolivet, dans son livre « Les plantes carnivores », nous en donne un vaste panorama : certaines comme les *Roridula*, développent une pilosité visqueuse similaire à certaines plantes carnivores. De très nombreux insectes s'y trouvent de fait piégés, mais semblent n'apporter aucun bénéfice à la plante. Par contre de nombreux « squatters » (araignées, punaises, ...), qui vivent impunément sur la plante, profitent de cette manne.

D'autres très courantes dans nos jardins ou nos maisons, *Petunia violacea*, *Lychnis viscaria*, *Salvia glutinosa* (sauges), *Dipsacus* (cardères) et même la tomate capturent des insectes grâce à leurs poils plus ou moins gluants, mais rien n'est venu confirmer leur caractère carnivore. On pourrait allonger la liste avec certains arbres, des végétaux parasites, des graines... Tous ces végétaux sont-ils sur la voie, ou déjà en quelques sortes des protocarnivores ? Rien ne nous permet de le dire. Ce qui est sûr c'est que les vraies plantes carnivores se distinguent par leur capacité à digérer leurs proies et à en tirer un profit direct. Pour ce faire, elles procèdent de deux façons :

– soit par digestion enzymatique, pour la majeure partie des genres :*Aldrovanda*, *Byblis* (?), *Cephalotus*, *Darlingtonia*, *Dionaea*, *Drosera*, *Drosophyllum*, *Genlisea*, *Ibicella* (?), *Nepenthes*, *Pinguicula*, *Sarracenia*, *Triphyophyllum*, *Utricularia*. Une ou plusieurs enzymes sont directement produites par la plante (Acide phosphatase, Amylase, Estérase, Invertase, Lipase, Peroxydase, Protéase, Ribonucléase)

– soit par digestion bactérienne pour quelques genres à urnes qui ne possèdent pas d'enzymes : *Brocchinia*, *Catopsis*, *Heliamphora* et *Paepalanthus*. On qualifient ces végétaux de protocarnivores. Ce sont uniquement les bactéries vivant dans les urnes qui provoquent la digestion des proies et libèrent les éléments nutritifs qui seront ensuite absorbés par la plante.

Urne de *Nepenthes* 'Emmarene'.

CULTIVEZ VOS

Comme nous l'avons vu, on regroupe sous l'appellation « carnivores » des plantes d'origines et de fonctionnements très divers qui ont en conséquence des besoins différents.

Toutefois, ces plantes sont dans leur ensemble des plantes pionnières, poussant dans des milieux ouverts et pauvres en éléments nutritifs, et qui ont horreur de la compétition des autres plantes. À quelques exceptions près, que nous aborderons au cas par cas, elles ont en commun quatre exigences essentielles qu'il faut toujours garder à l'esprit pour réussir leur culture :

1) Elles sont très exigeantes en lumière.

2) Il faut leur procurer de l'eau se rapprochant le plus possible de l'eau de pluie pure.

3) Elles ont besoin d'un substrat spécifique, généralement pauvre en éléments nutritifs.

4) Enfin, et c'est un des points clés trop souvent sous-estimé : il leur faut de gros volumes de substrat, quitte à ce que la grosseur du contenant paraisse disproportionnée par rapport à leur taille. L'esthétique doit passer après le bien-être des plantes !

Les *Drosera*, appelés couramment Rossolis ou Rosée du Soleil, doivent leur nom à l'éclat particulier du soleil à travers leurs mucilages, leur donnant ainsi l'aspect de de la rosée. (Ici *Drosera* x *beleziana*).

LA LUMIÈRE

Elle est essentielle pour toutes les plantes carnivores (exception faite des champignons dont la culture ne concerne pas cet ouvrage). Elle permet, comme pour les autres végétaux, la réalisation de la photosynthèse par les feuilles, même si ces dernières cumulent une fonction carnivore.

Contrairement à ce qu'on pourrait croire, la « carnivorité » ne se substitue pas à la photosynthèse : alors que cette dernière permet à la plante de produire des sucres, et donc de l'énergie, les proies procurent aux plantes carnivores l'azote (entre autres), que les autres plantes se procurent normalement dans le sol, et qui sert à la fabrication des protéines.

LES EXIGENCES DES PLANTES

– La majorité des plantes carnivores sont des plantes de milieux ouverts, correspondants à des stades de végétation pionniers ou bloqués : elles ont en conséquence besoin du plein soleil.
– On peut noter deux exceptions : les genres *Pinguicula* et *Nepenthes* qui, tout en ayant aussi de gros besoins en lumière, n'exigent pas forcément le plein soleil, mais préfèrent des lumières tamisées (voir fiches de culture).

LUMIÈRE D'ORIGINE NATURELLE

Chaque fois que cela est possible, optez pour celle-ci. Qu'elle soit directe (soleil) ou indirecte (rayons du soleil atténués), elle est le gage de plantes saines et vigoureuses, résistant bien aux maladies, et contribue au chatoiement des couleurs du feuillage.
– À l'extérieur : en grands pots ou en tourbières aménagées, les *Dionaea*, *Drosera*, *Sarracenia* exposés au soleil direct pendant toute la journée auront une croissance optimale. *Darlingtonia* préfère une semi-ombre.
– À intérieur : placez-les dans les diverses pièces de la maison, en tenant compte des températures et de l'orientation des fenêtres. Au Sud ou au Sud-Ouest l'hiver, à l'Est ou à l'Ouest l'été (le soleil direct à travers les vitres risquant de brûler les plantes en été). La distance par rapport à une vitre doit être de 15 à 20 cm et au même niveau que celle-ci. Il faut proscrire les emplacements sous les fenêtres de type « Velux » car la luminosité y est insuffisante, ainsi que les vitres opaques (verre dépoli, « à bulles », ou « cathédrale ») qui filtrent trop la lumière. Les salles de bains munies d'une fenêtre conviendront bien aux *Nepenthes* les plus faciles, à condition de les placer tout près de la vitre (pour les *Nepenthes* plus délicats, la serre chaude ou le terrarium sont la seule solution).

LUMIÈRE D'ORIGINE ARTIFICIELLE

À l'intérieur l'utilisation de néons en complément l'hiver est envisageable. Il faut cumuler ceux dits « blanc industriel » et ceux « lumière du jour ». Certaines personnes n'utilisent même que cet apport pour les faire croître, tels les *Nepenthes*, *Cephalotus*, certains *Drosera* et *Pinguicula*. Des expériences pratiquées sur les *Pinguicula* d'altitude montrent qu'un apport supplémentaire d'ultraviolets leur est profitable.

CE QU'IL FAUT RETENIR SUR LA LUMIÈRE

- Toutes les espèces de plantes carnivores sont très exigeantes en lumière.
- La majorité a besoin d'un ensoleillement direct.
- *Nepenthes* et *Pinguicula* préfèrent une lumière tamisée.

LA TEMPÉRATURE

Le choix et l'achat des espèces devraient en partie être conditionnés par les températures que vous pourrez leur fournir dans la maison ou à l'extérieur. On peut, en simplifiant, les classer en trois groupes :

LES ESPÈCES DE ZONES FROIDES

Ce sont celles qu'on peut conserver toute l'année au jardin, car elles résistent dans certaines conditions au gel :
– en tourbières aménagées (et non en pots, dont les petits volumes n'ont pas toujours l'inertie thermique suffisante pour que les plantes résistent aux variations rapides de température) : *Dionaea*, *Darlingtonia*, *Drosera* de l'hémisphère nord et de Nouvelle-Zélande, *Pinguicula* de l'hémisphère nord, toutes les *Sarracenia*.
– en bassin : *Aldrovanda vesiculosa*, *Utricularia* de l'hémisphère nord. Ces plantes aquatiques forment des organes de survie nommés hibernacles, qui coulent au fond de l'eau en hiver, et leur permettent de passer la mauvaise saison au repos. Le bassin doit être suffisamment profond pour que le fond ne gèle pas.

– en pleine terre : *Ibicella* (en fait, plante annuelle qui meurt en hiver et passe l'hiver sous forme de graine)

LES ESPÈCES DE ZONES TEMPÉRÉES

Ce sont celles qu'il faut tenir hors-gel, mais qui ont besoin d'un hiver marqué et d'une variation de la longueur du jour au cours de l'année. On les cultive en pots, en bacs, ou en tourbière aménagée, dans une véranda, une serre froide, ou à l'intérieur de la maison dans la mesure où il est possible de les placer dans une pièce fraîche, ne dépassant pas 15°C, pendant les trois mois d'hiver. En règle générale, les espèces en pots les moins fragiles pourront être sorties dès la fin des gelées pour profiter pleinement de la lumière, toujours limitante à l'intérieur.

– *Aldrovanda vesiculosa*, *Brocchinia reducta*, *Byblis liniflora* (plante annuelle) et *B. gigantea*, *Cephalotus*, *Dionaea*, majorité des *Drosera* (africains, australiens, d'Amérique du Sud), *Drosera* de l'hémisphère nord possibles dans cette catégorie mais il est préférable de les cultiver à l'extérieur si l'on veut les conserver sur le long terme, *Drosophyllum*, *Heliamphora*, *Ibicella* (plante annuelle), *Pinguicula* mexicaines, toutes les *Sarracenia*, grande majorité des *Utricularia* sauf les tropicales.

Si on le souhaite, *Pinguicula* 'Tina', peut croître toute l'année dans la zone chaude en compagnie des *Nepenthes*.

LES ESPÈCES DE ZONES CHAUDES

Ce sont les espèces qui doivent être cultivées en serres chaudes, vérandas chauffées ou à l'intérieur de la maison dans la mesure où on peut leur procurer une hygrométrie suffisante (salle de bain lumineuse, terrarium,…), car la plupart ont aussi besoin d'une forte humidité.

– formes tropicales d'*Aldrovanda vesiculosa*, *Brocchinia* (mais préfère un écart de température jour-nuit plus important), *Catopsis*, *Byblis liniflora*, *Genlisea*, *Heliamphora* (mais préfère un écart de température jour-nuit plus important), tous les *Nepenthes*, *Pinguicula* tropicales (Cuba,…), *Utricularia* tropicales.

BESOINS DES PLANTES CARNIVORES EN TEMPÉRATURE

	Zone froide	Zone tempérée	Zone chaude
Été Jour	16° à 20° C	20° à 25°C	25° à 35°C
Été Nuit	5° à 10°	13° à 15°	18° à 20°C
Hiver Jour	5° à 10°	10° à 15°C	18° à 20°C
Hiver Nuit	-15° à +5°C	10° à 12°C	18° à 20°C
Principales possibilités de culture	Tourbières aménagées et bassins à l'extérieur (pleine terre : Ibicella)	Pots, bacs en intérieur (avec pièce à moins de 15° en hiver), vérandas non chauffées, serres froides	Pots, bacs, paniers, en intérieur humide, vérandas chauffées, serres chaudes
Aldrovanda vesiculosa	●	●	
Aldrovanda vesiculosa, formes tropicales			●
Brocchinia reducta		●	●
Byblis gigantea		●	
Byblis liniflora		●	●
Catopsis			●
Cephalotus		●	
Darlingtonia	●		
Dionaea	●	●	
Drosera africains, australiens, d'Amérique du Sud		●	
Drosera de l'hémisphère nord et Nouvelle-Zélande	●	●	
Drosophyllum		●	
Genlisea			●
Heliamphora		●	●
Ibicella	●	●	
Nepenthes			●
Pinguicula de l'hémisphère nord	●		
Pinguicula mexicaines		●	
Pinguicula tropicales			●
Sarracenia	●	●	
Utricularia tropicales			●
Utricularia, sauf tropicales	●	●	

CE QU'IL FAUT RETENIR SUR LA TEMPÉRATURE :

- La plupart des plantes carnivores font preuve d'une certaine tolérance quant aux plages de températures qu'elles acceptent.
- Il faut cependant éviter les contresens totaux et s'abstenir, par exemple, de cultiver des plantes de climat froid en serre chaude et inversement.
- Si l'on veut conserver ses plantes sur le long terme, il faut essayer de se rapprocher le plus possible des conditions qui prévalent dans leur milieu naturel.

L'EAU

Ces plantes vivant le plus souvent dans des sols humides, l'eau représente pour elles un élément majeur, tant en qualité qu'en quantité. Soyez scrupuleux dans le suivi des informations données ci-dessous : c'est un des points essentiels à la réussite de la culture.

LA QUALITÉ DE L'EAU

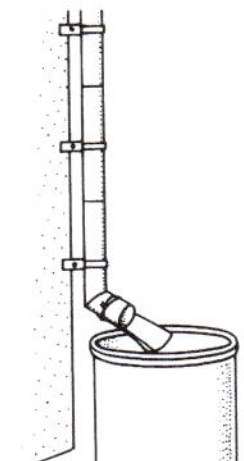

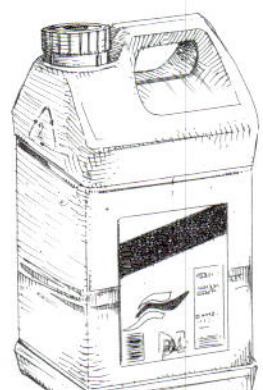

Si cela est possible, n'utilisez que de l'eau de pluie, à récolter bien sûr en zone non polluée.
Il est également possible d'utiliser :
– de l'eau déminéralisée, non parfumée, qui sert aux fers à repasser et aux batteries.
– de l'eau osmosée, utilisée par les aquariophiles et commercialisée par leurs fournisseurs.
– de l'eau de ville filtrée dans des carafons échangeurs d'ions, vendus dans le commerce.

Proscrivez impérativement les eaux minérales du commerce (car justement trop riches en minéraux pour les plantes carnivores), ainsi que les eaux de sources, de puits, d'adoucisseurs, de sèches linge ou provenant du dégivrage des réfrigérateurs, dont la pureté ou la pauvreté en éléments minéraux est rarement suffisante.

L'ARROSAGE DES PLANTES EN POTS ET EN BACS

CAS GÉNÉRAL

C'est la méthode qui convient au plus grand nombre d'espèces, qui sont des plantes de marécages :

De début novembre à fin avril : ne laissez pas d'eau dans la soucoupe ; maintenez le substrat juste humide : touchez celui-ci avec l'index, une trace d'humidité doit rester sur le doigt. L'arrosage doit se faire pendant cette période sur le dessus du sol.

De début mai à fin octobre : laissez baigner en permanence la base du pot dans 2 à 3 cm d'eau. Pour les pots à réserve d'eau, placez le niveau au quart de la hauteur de la jauge. N'arrosez jamais par le dessus à cette époque.

CAS PARTICULIERS (VOIR FICHES DE CULTURE CORRESPONDANTES)

– *Ibicella*, plante de milieu sec, qu'on ne cultive pas sur un substrat marécageux. Il faut l'arroser comme une plante d'intérieur normale, ou comme une plante de jardin si on l'a plantée en pleine terre.

– *Byblis gigantea*, *Drosera bulbeux*, *Drosophyllum* : ces plantes sont au repos en été et en automne. L'excès d'eau à cette époque leur serait fatal.

L'ARROSAGE DES ÉPIPHYTES

– Quelques *Nepenthes* et quelques *Utricularia* sont épiphytes et se plaisent en paniers suspendus. Un substrat composé de sphaigne vivante pure, sans aucun mélange, donne de bons résultats.

Il faut maintenir le substrat humide, soit par trempage du panier, soit par arrosage sur le dessus.

– *Catopsis* est un épiphyte strict, c'est-à-dire qu'il accroche ses racines à-même le support, tronc ou branche, sur lequel il pousse. En culture, on peut le coller par le collet sur un morceau de liège, ou un autre support, avec un point de colle néoprène, ou l'attacher avec un lien en raphia. Des racines-crampons apparaissent rapidement. L'arrosage consiste en des vaporisations fréquentes.

Nepenthes : il faut maintenir le substrat juste humide, sans jamais laisser le fond baigner dans l'eau.

LA PRÉPARATION DE L'EAU DES PLANTES AQUATIQUES

Pour cultiver des *Aldrovanda* et des utriculaires aquatiques, il faut recréer un véritable écosystème miniature.

Disposez dans le fond du bassin ou de l'aquarium 10 à 20 cm de tourbe blonde : c'est elle qui fournira aux plantes les éléments minéraux dont elles auront besoin. Versez ensuite de l'eau de pluie (ou déminéralisée). Laissez le liquide s'éclaircir (pendant 1 à 2 mois) : il prendra une couleur jaune paille. Il est conseillé d'implanter, suivant la taille du bassin ou de l'aquarium, des plantes capables d'absorber les excès possibles de nutriments, comme des *Carex*, des *Typha*, ou des *Nymphaea*. Introduisez aussi une microfaune (daphnies, cyclopes, …) recueillie dans une mare. En dernier lieu, disposez les plantes carnivores. Contrôlez régulièrement le pH qui doit se situer entre 5,5 et 6,0. La clé du succès, à long terme, est dans la reconstitution d'une véritable petite biocénose aussi équilibrée que possible.

Aldrovanda vesiculosa

CE QU'IL FAUT RETENIR SUR L'EAU ET L'ARROSAGE

- N'utilisez que de l'eau de pluie, déminéralisée, ou osmosée.
- Pour les plantes de marécages, l'arrosage s'effectue par le dessous pendant la saison de croissance, et uniquement par le dessus pendant la période de repos.
- Pour *Nepenthes*, il ne faut jamais laisser le fond baigner dans l'eau.
- Aucune vaporisation ne doit être faite sur le feuillage, sauf *Catopsis*.

L'HYGROMÉTRIE

A l'exception des plantes de climat tropical, ce n'est pas un facteur aussi essentiel que l'humidité du sol. Ne perdez pas de vue que, dans la nature, le taux d'hygrométrie varie plus ou moins suivant le climat, les saisons et l'heure de la journée. Il en va de même, dans une moindre mesure, en serre, véranda, ou dans la maison, et il serait donc bien inutile de vouloir le stabiliser à tout prix. On peut cependant définir des plages dans lesquelles les genres et espèces se développeront correctement.

■ BESOINS MODÉRÉS : entre 40% et 80%. *Byblis, Darlingtonia, Dionaea, Drosera* (sauf espèces tropicales), *Drosophyllum, Ibicella* (minimum 25 %), *Pinguicula* (sauf espèces tropicales), *Roridula, Sarracenia, Utricularia.*

■ BESOINS MODÉRÉS À ÉLEVÉS : de 40% à 95 % (plantes très tolérantes). *Brocchinia, Cephalotus, Heliamphora.*

■ BESOINS ÉLEVÉS : entre 80 % et 95 %. *Catopsis, Drosera* tropicaux, *Nepenthes, Genlisea, Pinguicula* tropicales, *Utricularia* tropicales.

CE QU'IL FAUT RETENIR SUR L'HYGROMÉTRIE

- Les espèces tropicales ne supportent pas une faible hygrométrie.
- La plupart des autres plantes carnivores s'adaptent aux variations du taux d'humidité.

LE SUBSTRAT

S'il n'est pas possible de définir un substrat général, les éléments énumérés ci-dessous sont impérativement les seuls à utiliser. Il existe des dizaines de mélanges préconisés, leurs différences se situent dans le pourcentage des ingrédients.

Lors de l'achat d'un produit dans le commerce, ne vous fiez pas aux informations les plus visibles mentionnées sur le sac (marque, allégations publicitaires). Prenez soin de vérifier la composition exacte du produit, écrite souvent en tout petit. Il est impératif de s'assurer que les produits sont bruts, sans mélange ou enrichissement quelconque (comme des algues, du fumier, des engrais minéraux, des engrais organiques…).

Nepenthes *wieillardii* en fleur, spécifique des terrains miniers ultra-riches en fer et en magnésie de Nouvelle Calédonie.

Pour la tourbe blonde et la tourbe brune, vérifiez bien, dans la composition du produit, son pH et la nature des mousses utilisées (sphaigne - Sphagnum dans un cas, ou Hypnum dans l'autre), car la simple mention sur le sac de la couleur de la tourbe n'est pas toujours un critère suffisant.

ÉLÉMENTS DE BASE DU SUBSTRAT

– *Tourbe blonde* : issue de la décomposition de certaines mousses, les sphaignes (=*Sphagnum*), son pH est acide entre 3,5 et 4,5. Elle représente généralement 50 à 70 % du substrat à utiliser pour vos plantes, très rarement 10 %.

– *Tourbe brune* : issue de la décomposition d'un autre type de mousses (*Hypnum*), son pH est plutôt alcalin, au dessus de 7. Elle est utilisée dans des cas très spécifiques, représentant 30 à 60 % du substrat pour certaines Pinguicula de l'hémisphère nord.

– Sphaigne *(Sphagnum)* : ici on l'utilise vivante (non décomposée, contrairement à la tourbe blonde). Ne la mélangez pas avec les autres éléments, car elle moisirait. Elle s'utilise :

• soit pure, sans mélange aucun, pour les *Utricularia* épiphytes, et parfois les *Nepenthes.*

• soit en surfaçage sur le sol, pour certains genres : *Cephalotus, Darlingtonia, Heliamphora.*

– *Fibre de coco* : difficile à trouver pure et non salée. Utilisée à 70 %, avec ajout d'éléments drainants, elle donne de très bons résultats sur les *Nepenthes.*

– *Racines de fougères* : utilisation à 70 %. Tronçons de fines racines provenant des fougères arborescentes.

– *Terreau* (uniquement pour *Ibicella*) : utilisation à 20 %. Un vrai terreau à base de feuille, sans tourbe.

Important : il faut avoir conscience que les substrats tourbeux utilisés pour les plantes carnivores, comme les mélanges horticoles ayant la même base, contribuent à la destruction des tourbières. L'horticulture classique pourrait et devra s'orienter vers d'autres composts. Mais comment s'affranchir, pour les plantes carnivores, d'un élément qui s'avère vital pour la plupart d'entre elles ? Je serais heureux ici, de vous informer de ma découverte d'un substrat n'utilisant plus cette matière, mais mes expériences sont jusqu'à présent négatives (sauf pour les Nepenthes).

Sarracenia psittacina, se cultive de la même façon que *Sarracenia rubra*, (voir p. 71), ici avec un surfaçage de sphaigne vivante.

ÉLÉMENTS SECONDAIRES DU SUBSTRAT (DRAINAGE)

– *Sable* : utilisation de sable de quartz, acheté en magasin d'aquariophilie, ou du sable de Loire. Il représente en général 10 à 30 % du compost. Parfois 80 % (*Byblis*, *Drosera* du groupe des miniatures, *Drosera* bulbeuses, *Genlisea*).

– *Vermiculite* : matière minérale résultant de l'altération du mica et de la biotite. Le substrat peut en contenir 10 à 20 %.

– *Perlite* : silicate naturel. En général 10 à 20 %. Jusqu'à 70 % chez certaines *Pinguicula*. Cause la mort des *Nepenthes* quand elle vieillit.

– *Polystyrène, pouzzolane, argile expansée, laine de roche, écorce de conifères stabilisée (phénols inactivés)* : leur neutralité fait qu'on peut les incorporer, pas plus de 10 %.

PRINCIPAUX TYPES DE SUBSTRATS UTILISÉS

Différents types de substrats peuvent convenir à une même plante, en mélangeant les éléments précédents, à l'exclusion de tout autre, en proportions variables. Il n'y a pas de recette unique et avec l'expérience chaque amateur finit par se confectionner son mélange « maison ». Tout n'est cependant pas permis et je donnerai ci-dessous des exemples de substrats qu'il est possible d'utiliser pour les grands groupes de plantes. On trouvera plus d'information, ainsi que d'autres exemples de substrats, dans les fiches de culture.

Plantes de marécage (*Darlingtonia, Dionaea, Drosera, Heliamphora, Sarracenia, Utricularia* terrestres)	Un des substrats les plus utilisés : 70% de tourbe blonde, 30% de sable
Nepenthes	50% (maxi) de tourbe blonde, ou 50% de fibre de coco, ou 50% de sphaigne vivante, 20% de sable, 20% de vermiculite, 10% d'écorce stabilisée
Pinguicula hémisphère nord	50 % de tourbe brune alcaline, 50 % de sable
Pinguicula mexicaines,	50% de perlite, 30% de tourbe blonde, 20% de vermiculite

CE QU'IL FAUT RETENIR SUR LES SUBSTRATS

- Il est important de n'utiliser pour la réalisation des substrats que les éléments de base et secondaires mentionnés ci-dessus, à l'exclusion de tout autre.
- Les éléments du substrat doivent être utilisés purs, sans aucun enrichissement.
- Les substrats utilisés doivent être pauvres en éléments nutritifs, faiblement minéralisés.
- La majorité des espèces sont acidophiles, sauf certaines *Pinguicula* qui ont besoin de calcaire (voir fiche *P. vallisneriifolia*).

Certaines utriculaires épiphytes, comme ici *Utricularia longifolia* f. *forgetiana*, se cultivent en paniers suspendus.

LES CONTENANTS

Les pots et les bacs doivent être en matière plastique. L'utilisation de pots en terre cuite est toutefois possible mais plus délicate car ils se dessèchent plus rapidement et accumulent les sels minéraux sur leurs bords.

Procurez-vous de grands pots munis de leur soucoupe, ou des bacs à réserve d'eau avec jauge. Certains *Nepenthes* et *Utricularia* se développent aussi fort bien en panier plastique.

Pour tous les contenants, la règle de base est qu'il ne faut pas avoir peur du ridicule : il faut une profondeur de 40 cm minimum, et autant de côté, que ce soit pour une ou pour quatre plantes. Et tant pis si la plante paraît un peu perdue au milieu du pot, l'important est qu'elle dispose d'un important volume de substrat. Celui-ci permet de mieux amortir les variations de température et d'humidité au niveau des racines, et c'est souvent vital pour les plantes carnivores qui sont, dans l'ensemble, sensibles à ces écarts.

Le rempotage se fait dès l'achat en utilisant le volume ci-dessus. Il s'effectue ensuite tous les quatre ans, en renouvelant uniquement le substrat. (La technique du rempotage en elle-même ne présente pas de particularités par rapport au rempotage classique des plantes d'intérieur, si ce n'est qu'on n'apporte pas de couche drainante dans le fond du pot).

Ci-contre, deux types de pots convenant parfaitement à la culture des plantes carnivores : à soucoupe profonde à gauche, ou à réservoir d'eau et jauge, à droite.

CE QU'IL FAUT RETENIR SUR LES CONTENANTS

- Les pots doivent être en plastique.
- Il faut de gros contenants, quitte à ce qu'ils paraissent disproportionnés par rapport à la taille des plantes.

L'ALIMENTATION

En règle générale, les plantes carnivores n'ont pas besoin d'apports d'engrais. À la même dose que pour une plante classique, ceux-ci leur sont même fatals. En culture, la plupart des plantes carnivores peuvent se débrouiller toutes seules et trouver leur alimentation :
– *dans le substrat* : la tourbe conditionnée contient en général entre 25 et 40 % de matière organique pour le produit brut, entre 0,3 et 0,6 % d'azote, et des traces d'oligo-éléments. Cela suffit pour que la plupart des plantes croissent sans aucun apport d'engrais, ni même de proies : dans ce dernier cas la surface foliaire, le nombre de graines dans les capsules et la durée de vie peuvent être réduites.
– *dans leurs proies* : celles-ci fournissent le complément alimentaire, en particulier azoté, nécessaire. Si vous sortez les plantes à la belle saison, placez-les sur un rebord de fenêtre, un balcon, ou au jardin, elles se nourriront toutes seules et n'auront besoin de rien d'autre. En culture intérieure, un élevage de drosophiles peut être pratiqué pour nourrir ses protégées, mais il est rare que cela soit réellement nécessaire (sauf pour les *Drosera* bulbeux pour lesquels cela est très profitable). Évitez tout de même les excès, car une « indigestion » d'insectes peut provoquer un noircissement du feuillage.

Voilà ce qu arrive quand une plante carnivore a les yeux plus gros que le ventre : son feuillage noircit.

Cependant, un léger apport d'engrais peut être pratiqué sur la plupart des plantes en culture, à condition d'être prudent. (On peut d'ailleurs noter que, dans la nature et jusqu'à un certain point, ce n'est pas tant l'enrichissement du sol en nutriments qui leur est fatal, que la compétition avec les autres plantes entraînée par cet enrichissement). Cet apport reste facultatif (cas où la plante est complètement privée d'insectes, et encore..). Il convient de rester très prudent car si les plantes carnivores supportent un léger apport d'engrais, elles sont tout de même beaucoup plus sensibles que les autres plantes. Par ailleurs cet apport peut être contre-productif. Par exemple si l'on stimule trop la croissance des *Nepenthes*, les urnes ne se forment plus, ou sont moins colorées.

Le plus classique est d'apporter un engrais destiné aux orchidées (car faiblement dosé), à la fréquence de 1 fois par mois en hiver,

tous les 20 jours du printemps à l'automne. L'engrais sera apporté selon les plantes de la manière suivante :
– *Brocchinia*, *Catopsis*, *Cephalotus*, *Darlingtonia*, *Dionaea*, *Heliamphora*, *Sarracenia* : en vaporisation sur le feuillage.
– *Byblis*, *Drosera*, *Drosophyllum*, *Pinguicula* : en vaporisation sur le feuillage, mais en étant encore plus prudent. Si la plante manifeste le moindre signe de sensibilité, diminuez la fréquence des apports.
– *Nepenthes* : par vaporisation foliaire chez les jeunes plants, par arrosage au pied, dans l'eau d'arrosage, chez les plantes adultes.

CE QU'IL FAUT RETENIR SUR L'ALIMENTATION

- En règle générale, les plantes carnivores en culture n'ont pas besoin d'apports ni d'engrais ni de proies.
- Un élevage de Drosophiles est profitable aux *Drosera* bulbeux.
- Un apport d'engrais peut être pratiqué, de manière facultative, à condition de rester très prudent.

LA MULTIPLICATION

Les plantes carnivores ne présentent pas sur ce point de spécificité par rapport aux autres plantes : toutes les méthodes de multiplication classiques peuvent être employées.

LE SEMIS

La méthode donne une grande quantité de plantes en utilisant des graines fraîches et en choisissant des espèces à germination facile. Elle est pratiquée au printemps, parfois en automne, avec toutes les plantes. Il vous faudra de quelques mois (annuelles) à 2 voire 10 ans pour obtenir une plante adulte. Il faut pour cela utiliser des récipients percés, peu profonds, dont le fond baignera dans l'eau. Ils seront remplis du substrat adéquat, souvent 70 % de tourbe blonde avec 30 % de sable, et exposés à la lumière. Les graines fines (*Drosera*, *Pinguicula*, …) ne sont pas recouvertes du mélange. Les graines plus grosses (*Drosophyllum*, *Sarracenia*, …) seront légèrement enterrées à 0,5 mm. Leur germination est de 3 semaines à plusieurs mois.

LA DIVISION

Utilisée sur *Aldrovanda*, *Brocchinia*, *Catopsis*, *Cephalotus*, *Darlingtonia*, *Heliamphora*, *Pinguicula*, *Sarracenia*, *Utricularia*, elle donne souvent de bons résultats si on le fait avec des plantes adultes. La technique est la même que celle utilisée pour les plantes classiques.

LE BOUTURAGE

– de racines (*Cephalotus*, certains *Drosera* comme *D. binata*, *D. regia*, …) et de rhizomes (*Darlingtonia*, *Heliamphora*, *Sarracenia*), elles sont effectuées sur un sol identique à celui de la culture. Il doit être effectué en début de croissance.
Faire des tronçons de deux à cinq centimètres, puis les placer sur le mélange et recouvrir légèrement.
– de feuilles, pour *Cephalotus* (avec les deux types de feuilles), *Dionaea*, *Drosera*, *Genlisea*, sur un sol identique à celui de la culture ou sur de la sphaigne vivante. Les *Pinguicula* sur un sol fait de 50 % de perlite, 50 % de vermiculite. Période, de la fin du printemps à la mi-été, pour la majorité des espèces. Les feuilles saines sont prélevées et maintenues plaquées sur le substrat.
– de tiges, avec *Byblis gigantea* et surtout les *Nepenthes*, au printemps. La technique est ici aussi, celle souvent pratiquée avec les plantes « classiques ». Utiliser des tronçons soit de tête ou ailleurs sur la tige. Les tremper dans l'hormone de bouturage et enfoncer dans le compost de culture ou dans de la sphaigne. Une chaleur 25°C et une forte humidité sont nécessaires.

Darlingtonia californica

L'HYBRIDATION

La fécondation croisée n'est pas difficile à réaliser chez les *Sarracenia* et les *Nepenthes*. Chez les premières, il suffit de prélever le pollen sur les étamines et de le déposer sur les 5 stigmates. Eviter de féconder la même plante. Pour les *Nepenthes*, plantes dioïques, la plus grande difficulté est d'avoir au même moment en fleur un pied mâle et un pied femelle. Soyez exigeants quant à l'intérêt réel de vos croisements, car il en existe déjà de nombreux ! Notez bien leur origine. L'hybridation des autres genres demande souvent une certaine dextérité.

LA CULTURE IN VITRO

Elle était autrefois hors de portée de l'amateur par l'infrastructure à mettre en œuvre. Aujourd'hui on trouve des « kits » abordables facilitant la chose. Ils permettent la réalisation d'un semi in vitro. En parcourant les pages Web sur Internet, on peut parfaire idéalement la connaissance de cette technique.

OÙ LES PLACER ?

Les plantes carnivores peuvent être cultivées au jardin comme en intérieur. Après avoir présenté les particularités de ces différents emplacements, j'ai demandé dans ce chapitre à quelques amateurs, choisis pour leur représentativité, de nous faire part de leur expérience. Habitant dans des régions aux climats très différents,

Tourbière artificielle dans un jardin au printemps : au premier plan, les urnes de *Sarracenia purpurea* subsp. *venosa*.

ces témoignages nous donnent une bonne idée de ce qu'il est possible de faire en conditions variées.

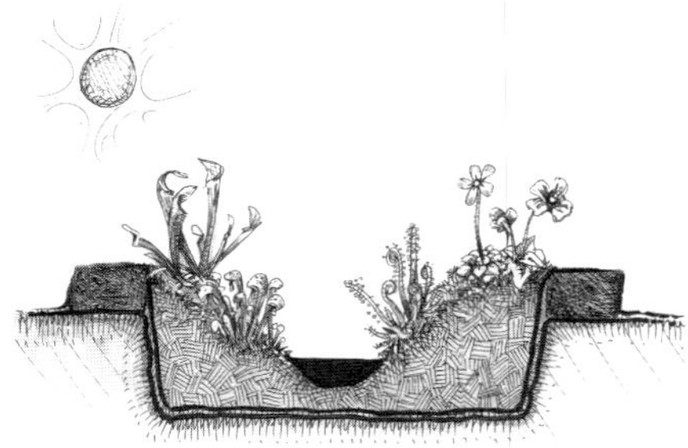

Vue de coupe d'une tourbière au jardin. Remarquez la bâche épousant le fond et les parois.

AU JARDIN

La tourbière artificielle dans le jardin devrait, dans les années à venir, se positionner comme un élément paysager, au même titre qu'une rocaille ou un bassin. Les exemples de réalisations qui suivent, démontrent que l'implantation dans des lieux et climats divers, n'est pas un obstacle à la réalisation de ce biotope si singulier et attrayant.

La construction est fort simple :

– Faites un trou à l'automne exposé au soleil, avec un minimum de 60 cm de profondeur et de 3 ou 4 m^2 de surface. Utilisez une vieille moquette, elle servira à tapisser les côtés et le fond (face douce vers la terre).

– Posez sur celle-ci une bâche de bassin de 1 mm d'épaisseur. Prenez la précaution de faire dépasser les bords supérieurs de 20 cm, ils pourront être agrafés sur des traverses de chemins en fer. L'essentiel est d'empêcher l'eau de ruissellement de pénétrer.

– Remplissez de tourbe blonde, attention au tassement. Humidifiez avec de l'eau de pluie, et attendez le milieu du printemps pour placer les plantes. N'oubliez pas qu'il vous faudra peut-être faire un apport d'eau de pluie en été, si la tourbière s'assèche : prévoyez une citerne pour le stockage (en été l'eau sera maintenue à un niveau important, mais inférieur au niveau hivernal).

M. Denys Pierrejean, dans Sud-Ouest.

Le choix de l'emplacement de la tourbière est primordial : à l'abri du vent, avec du soleil mais pas trop, et plutôt celui du matin, sinon gare aux problèmes de déshydratation et d'approvisionnement en eau. Ne pas la placer sous un arbre à cause des feuilles mortes. Ne pas oublier l'anti-limace tout autour. Une cavité creusée dans la tourbe permettra d'accueillir quelques Utricularia et toute la microfaune. Les espèces que j'ai eu le plaisir de planter sont très variées : Sarracenia au ras de l'eau qui prennent de magnifiques couleurs et atteignent des tailles impressionnantes, des Dionaea, des Drosera, même Drosera capensis qui a résisté aux gelées. Important : toujours veiller à éliminer les plantes parasites (joncs), car une fois installées, les arracher devient une épreuve de force basque, vu la taille impressionnante des racines, sans parler des dégâts causés par le trou. Quand l'équilibre est atteint, les plantes se ressèment et il ne reste plus qu'à s'asseoir au bord pour contempler les différentes formes de vie qui s'agitent.

Une réalisation belle et réussie qui démontre l'indéniable attrait paysager de ce milieu singulier.

M. Pierre Fournol, dans les Pyrénées (alt. 750 m).

Mon expérience de deux tourbières en place depuis 6 et 5 ans en milieu montagnard (nombreux jours de gel, températures extrêmes et changeantes) est agréablement concluante. Sans protection hivernale particulière, les plantes carnivores choisies se développent très normalement (Sarracenia flava, S. purpurea , Dionaea, Darlingtonia). Notez cependant un échec Drosera hamiltonii, une expérience insuffisante Sarracenia leucophylla. L'emplacement a été choisi de façon à être abrité des vents d'hiver et d'été (évaporation), à procurer l'ombre utile à Darlingtonia et le soleil exigé par la plupart, ainsi qu'en tenant compte de l'esthétique apportée par les bouleaux et les nombreuses plantes accompagnatrices des milieux humides. Résultat : un biotope exubérant, dans un jardin varié, entre les plantes minuscules des tufs toujours secs et les majuscules des petits étangs.

M. et Mme Auber, en région parisienne.

C'est une très modeste tourbière d'environ 2,5 m², adossée à une petite rocaille en meulières, côté nord. La tourbe mêlée de sable de Loire qui la remplit est traversée, au centre et jusqu'au fond, par un « mini-puits » de 25 cm de diamètre, limité par du grillage plastique roulé en tube, ce qui permet d'évaluer le niveau de l'eau de pluie et de le compléter, si nécessaire, avec l'eau de la gouttière de la maison. Cette tourbière est en place depuis 5 ans, Sarracenia, Darlingtonia, Dionaea et Pinguicula y prospèrent. L'implantation de Sphagnum s'avère difficile car les oiseaux en raffolent pour bâtir leur nid et il faut mettre en place un grillage protecteur. Il faut aussi lutter contre l'envahissement par des indésirables (potentilles, épilobes, graminées...) qui ont tôt fait d'étouffer les plantes carnivores. Bien que ces dernières semblent bien supporter le froid, la tourbière est protégée, en hiver, par un tunnel formé d'arceaux soutenant du plastique à bulles.

Quelle joie de voir s'épanouir en tourbière artificielle, le splendide *Darlingtonia californica*, pourtant réputé difficile.

EN SERRE

La serre est le lieu idéal pour la majorité des plantes carnivores, surtout si elle est compartimentée en zone froide, tempérée et chaude. Bien des problèmes de culture disparaissent avec son acquisition.

M. Y. A. Utz, de Suisse (alt. 400 m).

Les serres chaudes, sous nos climats, sont dispendieuses en énergie et le manque de lumière se fait cruellement sentir en hiver. En revanche, une serre tempérée, maintenue à + 8 °C en hiver, permet la culture d'un large éventail de plantes carnivores. Mieux vaut éviter tout de même les plantes tropicales et alpines L'inertie thermique d'une serre est faible, occasionnant de brusques différences de température. En plein hiver, par journée ensoleillée, il n'est pas rare d'atteindre 25 °C. Certaines plantes ne supportent pas de telles variations. En été, il est indispensable d'ombrer la serre si l'on veut maintenir une température idéale. Ne pas oublier qu'il y a différents microclimats, des endroits très ensoleillés, d'autres à l'ombre, sous les tablettes, l'atmosphère y est plus fraîche. Profitez de placer les plantes selon leurs affinités climatiques.

Par exemple, les Nepenthes d'altitude ainsi que les Heliamphora prospèrent bien au frais, sous les tablettes, pendant l'été. En hiver, mieux vaut les placer sur une tablette : meilleure luminosité et température plus élevée. La culture dans un grand volume est impérative pour permettre aux racines de bien se développer mais aussi pour empêcher une

Ci-dessous, vue d'une serre où chaque espace est judicieusement occupé.

élévation de température du substrat, toujours néfaste. Pour tirer le meilleur parti d'une serre, il ne faut pas hésiter à changer les plantes de niveau afin de leur trouver le meilleur emplacement.

EN VÉRANDA

Comme dans la serre mais à un niveau moindre, elles trouvent ici une ambiance favorable, avec une luminosité supérieure à celle de la maison.

M. F. Zunino, dans le Poitou.

Mes premiers essais de culture se sont déroulés dans la véranda familiale qui prolongeait aussi la maison vers des contrées lointaines. Le toit en polycarbonate alvéolé et les parois en double vitrage fournissaient une forte luminosité sans trop d'échauffement. Pour la majorité des plantes cultivées, les pots reposaient dans des bacs ou des soucoupes remplis d'eau de pluie. En cas d'absence prolongée, une pompe de camping-car immergée dans une réserve distribuait l'eau via un tuyau souple d'aquariophilie perforé. Un programmateur hebdomadaire régulait la fréquence des arrosages sans éviter quelques débordements ! La majorité des substrats utilisés consistait en un mélange de tourbe et de sable de Loire. Ainsi durant plusieurs années, sarracenies et rossolis s'épanouissaient avec succès. Un Cephalotus follicularis au substrat enrichi en charbon de bois, accompagné d'Utricularia dichotoma et de Stylidium debile, fleurissait en été. L'hospitalité du lieu permettait à certaines annuelles comme Byblis liniflora et Drosera burmanni de coloniser les pots voisins.

Pour obtenir la magnifique couleur rouge de cette *Dionaea muscipula* 'Akaï Ryu', vous devrez la placer en situation très lumineuse.

DANS LA MAISON

Qu'elles soient disposées près des fenêtres ou dans un terrarium spécifique, il est absolument possible d'avoir dans un cas comme dans l'autre une belle collection. Pour cela, soyez attentifs, observez vos plantes, et déplacez- les si besoin, jusqu'à trouver la ou les pièces idéales.

M. S. Hugentobler, de Suisse (alt. 400 m).

En respectant les besoins spécifiques de ces plantes, il est tout à fait possible de les tenir à l'intérieur d'une maison ou d'un appartement. Cependant contrairement aux plantes vertes d'appartement qui sont sélectionnées pour leurs bonnes tolérances à l'air sec et la faible luminosité des intérieurs modernes, les plantes carnivores demandent un bon ensoleillement et une humidité ambiante relativement élevée ainsi qu'une température plutôt fraîche.

Si vous pouvez leur offrir un emplacement près d'une fenêtre orientée au sud (ou au moins trois-quarts sud), il vous sera facilement possible d'obtenir de belles plantes. À la belle saison, il sera préférable de les mettre à l'extérieur. Les genres qui se prêtent le mieux sont Sarracenia, Roridula, Drosophyllum. Certains Drosera ont tendance à ne pas former de mucilage. Les Pinguicula préfèrent avoir moins de soleil. Les Nepenthes, à moins de les placer dans un terrarium, sont le moins susceptibles de se cultiver en intérieur car elles ne forment pas d'urnes en raison du manque d'humidité relative.

La principale cause d'échec lors de la culture en intérieur tient à l'oubli d'arrosage, surtout en été. C'est pourquoi il est indispensable de placer les pots dans des récipients à haut bord de manière à conserver toujours quelques centimètres d'eau.

M. S. Lavayssiere, près de Paris.

Sur un balcon, un rebord de fenêtre, même dans un coin sombre dans l'appartement, un terrarium vous permettra d'offrir à vos plantes de bonnes conditions de culture. Éclairé par 3 ou 4 tubes, équipé d'une petite pompe à eau et d'un décor (ruisseau, cascade, bassins d'Utricularia...), il peut facilement devenir un élément de décoration de votre appartement au même titre qu'un aquarium de poissons.

Construction d'un terrarium pour plantes carnivores

Le fond, constitué d'un drainage de quelques centimètres de billes d'argile sera recouvert d'une quinzaine de centimètres de compost (2/3 tourbe blonde, 1/3 sable) dans lequel vous installerez les plantes. Petits Nepenthes, grassettes américaines, Utricularia tropicaux, Drosera s'y épanouiront, et ce sera également un environnement idéal pour démarrer des boutures de Cephalotus.

Personnellement, j'ai adopté depuis longtemps cette méthode qui, par son aspect esthétique et pour le minimum de soins qu'elle requiert, me permet de conserver une collection d'une centaine d'espèces.

DANS UN BASSIN

Très rare est le cas où un bassin existant peut convenir, surtout si vous décidez la culture de l'*Aldrovanda*. Les *Utricularia* peuvent parfois se développer si votre eau n'est pas très riche en éléments minéraux (présence d'algues). Un bassin en plastique de 3 m^2 et 50 cm de profondeur peu suffire. Disposez 20 cm de tourbe sur le fond et remplissez d'eau. Utilisez celle de pluie, mélangée avec un quart provenant d'une mare non polluée et à pH acide (apport de la microfaune aquatique). Laissez sédimenter, par la suite implantez des plantes de berges et aquatiques (*Typha*, *Carex*, *Nymphaea*, …). Mettez les espèces carnivores 2 mois après.

M. G. Chantepie, près de Brive.

Le bassin idéal aux rives végétalisées, avec renouvellement saisonnier et progressif de l'eau, n'étant pas à la portée de tous, il est tout à fait possible de cultiver des plantes aquatiques dans de simples cuvettes, du moment qu'elles aient un volume d'au moins 20 litres. Ainsi, la floraison estivale d'Utricularia agrémente mes 2 cuves de récupération de congélateurs (400 litres) tapissées d'une bâche, avec fond tourbeux et eau de pluie. La culture associée de plantes, oxygénantes (en quantité limitée ou à contrôler), fixatrices d'éléments minéraux (Characeae) et de surface (Stratiotes, jacinthe d'eau, en été), limite l'eutrophisation (enrichissement excessif du milieu en éléments nutritifs, favorisant la prolifération d'algues et la mort de nos « espèces nobles »).

Un ombrage léger aux chaudes heures de l'été est souhaitable : j'ai confié cette tache à un Catalpa, source de matière organique (chute de feuilles) non négligeable pour réussir la culture d'Aldrovanda. Pour cette dernière espèce, un rajeunissement du milieu s'impose tous les 3 ans, justifiant ainsi les deux bassins renouvelés en alternance.

FICHES DE CULTURE PAR ESPÈCE

PLANTES CARNIVORES

POUR NÉOPHYTES

Les plantes carnivores présentées dans cette partie sont parfaites pour le néophyte. Elles lui permettront de se familiariser avec les techniques de base. Dans trois ans, il pourra aborder les espèces plus délicates réservées aux amateurs.

BROCCHINIA REDUCTA

BROMELIACEAE

Une des rares plantes monocotylédones, de la famille des *Bromeliaceae*, à être carnivore.

PRESENTATION GÉNÉRALE

– *Milieu naturel :* Venezuela (hautes landes et plateaux du Guyana), sols sableux acides et sur des rochers. Climat humide, aux brusques changements de temps. On trouve quatre autres espèces, dont deux sont carnivores.
– *Description :* plante vivace, terrestre, de 50 cm de haut. Fleurs blanches de 5mm de diamètre. Feuilles dressées en cornets tubulaires dans lesquels les proies glissent et se noient (insectes ailés le plus souvent). Elles sont digérées par des bactéries.

CONDITIONS PARTICULIÈRES DE CULTURE

– *Température :* plante gélive, mais tolérant des températures variées : je cultive un lot en serre chaude où la température en hiver ne descend pas en dessous de 18°. D'autres sont cultivées à 10°. Même si la croissance est plus rapide chez les premières, les plantes de la serre plus fraîche en hiver sont vigoureuses et présentent un port plus proche de celui des espèces sauvages.
– *Lumière :* forte luminosité, et même plein soleil. On voit trop souvent en culture, des plantes dont l'extrémité des feuilles retombe, alors que l'ensemble du feuillage devrait évoquer la forme d'un tuyau.
– *Arrosages :* substrat juste humide.
– *Hygrométrie :* 40 à 80 %.
– *Substrat :* par exemple, 70 % de tourbe blonde, 20 % de sable, 10 % de perlite.
– *Période de repos :* elle conserve un feuillage tout le long de l'année. Croissance au printemps ou à l'automne.
– *Fertilisation :* des vaporisations d'engrais foliaires favorisent la croissance.
– *Parasites et maladies :* surveillez les attaques de cochenilles.
– *Remarque :* encore rare à la vente dans les pépinières, souvent d'un prix élevé, mais dont la facilité de conservation réjouira le néophyte.

DIONAEA MUSCIPULA

DROSERACEAE

La plus célèbre plante carnivore et la préférée des enfants. Elle est souvent la première dont on fait l'acquisition.

PRESENTATION GÉNÉRALE

– *Milieu naturel :* localisée en Amérique du Nord (Caroline du Nord et du Sud), dans des savanes humides au sol sableux et stérile. Le climat est chaud en été et frais l'hiver. Une seule espèce, quelques formes et des cultivars.
– *Description :* Plante vivace terrestre de 10 à 15 cm de diamètre, munie d'un pseudo-bulbe. Feuilles en forme de mâchoires, hampe florale de plus de 25 cm, petites fleurs blanches.

CONDITIONS PARTICULIÈRES DE CULTURE

– *Température :* en été de 20 à 30°, en hiver entre 5 et 15°. Les variations entre les saisons prolongent la vie de la plante. En tourbière extérieure aménagée, elle résiste sans problème à -12°.
– *Lumière :* plein soleil, même en période de repos.
– Arrosages : substrat très humide pendant la belle saison, il n'est pas nécessaire de laisser la base du pot baigner dans l'eau.
– *Hygrométrie :* de 60 à 80%, mais à l'extérieur ne vous souciez pas de ce point-là.
– *Substrat:* par exemple, 70 % de tourbe blonde, 10 % de sable, 10 % de perlite, 10 % de vermiculite.
– *Période de repos :* en hiver les grandes feuilles noircissent, remplacées par des plus petites. À l'extérieur repos total.
– *Parasites et maladies :* acariens et pucerons sont le principal problème.
– *Remarque :* devenu un pur produit de consommation courante. Gardez en vous le précieux, l'étonnement, de ce « gobe mouche de vénus », comme au temps du naturaliste Darwin.

DROSERA ALICIAE

DROSERACEAE

Scintillant de rosée et
lançant vers le ciel
sa grande hampe florale.
Tel se présente à nous
ce *Drosera*.

PRESENTATION GÉNÉRALE

– *Milieu naturel :* Originaire d'Afrique du sud (province du cap). Il pousse sur des mousses et des sables humides. Le climat est tempéré. Quelques formes.
– *Description :* Petite plante, terrestre, dont la rosette atteint 4 à 6 cm. Feuilles en forme de spatule de 2.5 cm de long. Hampe florale de 40 cm de haut, fleurs pourpres de 2 cm de diamètre.

CONDITIONS PARTICULIÈRES DE CULTURE

– *Température :* souple quant à ses exigences. Supporte en hiver des températures avoisinant 1° C comme il se plait à 18 ° en été. Il croît parfaitement entre 20° et 30°.
– *Lumière :* plein soleil.
– *Arrosages :* adoptez la technique décrite dans le chapitre « Entretien courant ».
– *Hygrométrie :* de 50 à 80%.
– *Substrat :* par exemple, 70 % de tourbe blonde, 30 % de sable.
– *Période de repos :* elle n'existe pas vraiment en culture. Plante gélive.
– *Parasites et maladies :* bonne resistance, mais attention aux pucerons.
– *Remarque :* quelle tristesse de voir si souvent dans certains points de ventes des petits *Drosera aliciae* de couleur vert pomme, aux poils glanduleux non colorés. Issus d'une culture intensive, souffrant d'une fertilisation trop poussée, ils me font penser à ces poulets provenant « d'élevage en batterie ».
En appliquant une culture raisonnable, cette espèce présentera de magnifiques couleurs vives.

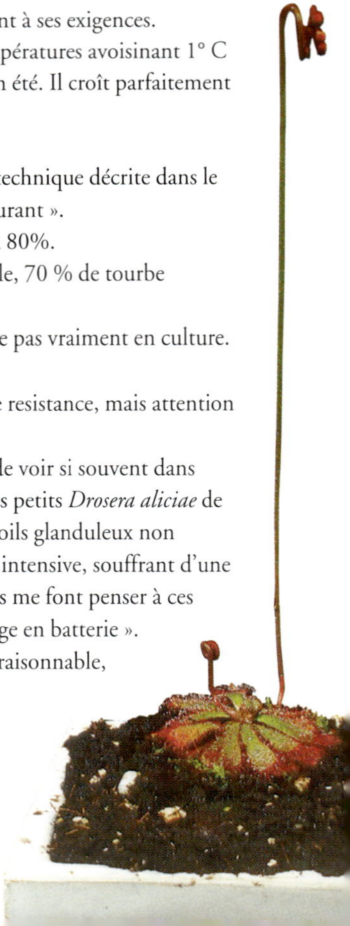

DROSERA BINATA VAR. *MULTIFIDA* F. *EXTREMA*

DROSERACEAE

Son architecture foliaire est toute aussi fascinante qu'étrange. Le feuillage se divise pour former parfois plus de 40 petites fourches.

PRESENTATION GÉNÉRALE

– *Milieu naturel :* croît en Australie (sud est du Queensland), dans des sables blancs avec un peu de tourbe. Le climat est subtropical. En plus de l'espèce, il existe quelques variétés, formes ou cultivars qui mériteraient d'être étudiés plus en détail, afin d'en préciser le rang taxonomique.
– *Description :* Plante vivace, terrestre, qui atteint en général 30 cm de long. Feuilles pétiolées, très étroites, divisées de nombreuses fois. Hampes florales de 40 cm de haut, avec près de 40 fleurs blanches de 1,5 cm de diamètre.

CONDITIONS PARTICULIÈRES DE CULTURE

– *Température :* 20 à 35° l'été, l'hiver hors-gel.
– *Lumière :* en abondance tout le long de l'année, c'est lui garantir une grande vigueur.
– *Arrosages :* adoptez la technique décrite dans le chapitre « Entretien courant ».
– *Hygrométrie :* se contente d'une humidité minimale de 50 %.
– *Substrat :* par exemple, 70 % de tourbe blonde, 30 % de sable.
– *Période de repos :* mes plantes qui subissent en hiver des températures nocturnes de 10°, continuent à pousser. Par contre l'espèce, les autres variétés et formes rentrent au repos. Je n'ai pas testé sa résistance au gel.
– *Parasites et maladies :* peu sensible.
– *Remarque :* d'une culture aisée, il est dans la section des *Drosera* fourchus, celui qui recueille la faveur des amateurs de plantes carnivores.

DROSERA CAPENSIS

DROSERACEAE

Idéal pour débuter.
Il est beau, fleurit abondamment, et pour les apprentis, avec le semis, la réussite est assurée.

PRESENTATION GÉNÉRALE

– *Milieu naturel :* Afrique du Sud, (sud-ouest du cap). Il pousse dans des marais tourbeux en pleine lumière ou à mi-ombre. Le climat y est tempéré et humide. Il existe quelques formes ou variétés appartenantes à cette espèce, qui mériteraient d'être étudiées afin d'en préciser leur rang taxonomique.
– *Description :* Plante vivace, terrestre, érigée, de 15 cm de haut. Feuilles pétiolées, linéaires, de 8mm de large. Inflorescence de 25 cm de haut, nombreuses fleurs magenta de 3 cm de diamètre.

CONDITIONS PARTICULIÈRES DE CULTURE

– *Température :* de 20 à 35° l'été, en hiver entre 5 et 15°. Une ambiance chaude toute l'année peut convenir. En tourbière extérieure, il résiste à -5°/-10°.
– *Lumière :* plein soleil, il peut croître aussi en lumière tamisée, mais je ne saurais vous le conseiller.
– *Arrosages :* voir chapitre « Entretien courant ».
– *Hygrométrie :* 40 à 80 %.
– *Substrat :* par exemple, 70 % de tourbe blonde, 30 % de sable.
– *Période de repos :* pas vraiment en culture, sauf à l'extérieur.
– *Parasites et maladies :* l'affaiblissement est souvent dû aux pucerons.
– *Remarque :* l'intérêt pour cette plante ne s'arrête pas au néophyte. On trouve sur le marché de nombreuses formes ou variétés qui sont, à mon goût, toutes aussi belles les unes que les autres. Elles séduiront le collectionneur à la recherche de diversité.

DROSERA SPATHULATA F. HAIRY SEPALS

DROSERACEAE

Surnommé « hairy sepals » ou « alpine form », c'est pour moi le plus joli du groupe des *Drosera spathulata*.

PRESENTATION GÉNÉRALE

– *Milieu naturel :* Nouvelle-Zélande. Marais, sols tourbeux. Climat tempéré, d'altitude. Il existe de très nombreuses variations du *Drosera* à feuilles spatulées, dont la classification botanique reste floue.
– *Description :* plante vivace, terrestre, de 4 cm de diamètre. Feuilles spatulées. La tige florale est coudée à la base, elle est pubescente, ainsi que les sépales. Fleurs de couleur rose mauve.

CONDITIONS PARTICULIÈRES DE CULTURE

– *Température :* 18 à 30° l'été, 5 à 15° l'hiver.
– *Lumière :* bonne luminosité.
– *Arrosages :* adoptez la technique décrite dans le chapitre « Entretien courant ».
– *Hygrométrie :* 60 à 80%.
– *Substrat :* par exemple, 70 % de tourbe blonde, 20 % de sable, 10 % de perlite.
– *Période de repos :* hiver.
– *Parasites et maladies :* pucerons, champignons.
– *Remarque :* des divers *Drosera* spatulés que je cultive, celui-ci me semble le plus intéressant. Sa culture facile, sa durée de vie assez longue, sa belle et longue floraison, ses graines qui germent bien, font de lui un excellent sujet.

Ibicella lutea

Pedaliaceae

La seule plante carnivore à pouvoir être cultivée dans la terre normale de votre jardin. Un plaisir unique !

■ PRESENTATION GÉNÉRALE

– *Milieu naturel :* Amérique (Arizona, Mexique, Brésil, naturalisée en Californie) et Australie, dans des sols pauvres, secs, acides. Climat semi-désertique. Une seule espèce existe.

– *Description :* plante annuelle terrestre de 50 cm de haut, avec des feuilles orbiculaires à base cordiforme. Toute la plante est couverte de poils glanduleux. Fleur jaune vif, à gorge tachée de rouge, la fructification est décorative.

■ CONDITIONS PARTICULIÈRES DE CULTURE

– *Température :* elle peut varier de 15° à 40° pendant sa vie, que ce soit à l'intérieur ou à l'extérieur.

– *Lumière :* fort ensoleillement.

– *Arrosages :* ne jamais laisser la base du pot dans l'eau, la plante n'est surtout pas une plante de marécage. L'arroser de la même façon que vos plantes classiques.

– *Hygrométrie :* 25 à 70%.

– *Substrat :* 50 % de terre de jardin, 20 % de bon terreau, 30 % de sable grossier.

– *Période de repos :* elle ne vit que quelques mois (plante annuelle).

– *Parasites et maladies :* si elle capture, entre autres, des petites mouches blanches (aleurodes), ces dernières peuvent aussi l'attaquer et l'affaiblir.

– *Remarque :* plantez-la dans le jardin, ou dans un pot avec la terre de ce dernier. En 1916, Mameli démontrait la capture et la digestion de cette plante. Aujourd'hui nombreux sont ceux, qui prouvent le contraire. Suite dans le prochain livre…

Nepenthes x *ventrata*

Nepenthaceae

Ce bel hybride naturel entre *Nepenthes ventricosa* et *Nepenthes alata*, est sûrement l'un des plus facile à conserver. Idéal pour débuter avec les *Nepenthes*.

PRESENTATION GÉNÉRALE

– *Milieu naturel :* Philippines, dans des forêts de chênes sur des sols moussus. Le climat est tropical, humide, d'altitude.
– *Description :* Plante vivace terrestre, vigoureuse, de 40 cm de haut, avec des feuilles elliptiques. Urnes de plus de 15 cm, intermédiaires entre la forme de celles des parents. Plante dioïque (fleurs mâles et femelles sur des plantes différentes), comme tous les *Nepenthes*.

CONDITIONS PARTICULIÈRES DE CULTURE

– *Température :* très tolérant, 10° à 18° l'hiver, 18° à 35° l'été.
– *Lumière :* placer la plante de telle façon qu'elle reçoive une forte luminosité mais pas de soleil direct. Une bonne intensité contribue à la formation des urnes et à leur coloration.
– *Arrosages :* ne jamais laisser d'eau dans la soucoupe. Maintenir le substrat simplement humide.
– *Hygrométrie :* malgré une tolérance bien supérieure aux autres espèces du genre, il lui faut au minimum 70 %.
– *Substrat :* par exemple, 50 % de tourbe blonde, 20 % de sable, 10 % de polystyrène, 20 % de vermiculite.
– *Période de repos :* aucune, j'ai simplement noté que dans mes serres, une baisse de production d'urnes pendant les mois d'hiver. Elles réapparaissent durant le mois de mai jusqu'au mois de novembre.
– *Parasites et maladies :* cochenilles à carapace, (feutrage noir sur les feuilles).
– *Remarque :* soyez attentifs lors de l'achat de ce croisement, souvent confondu avec d'autres hybrides.

Pinguicula 'l'Hautil'

Lentibulariaceae

Son nom est celui d'une petite butte appelée « L'Hautil », à une cinquantaine de kilomètres de Paris, où son créateur a résidé.

PRESENTATION GÉNÉRALE

– *Milieu naturel :* ne vit pas dans la nature. D'origine horticole, elle provient d'un croisement entre un autre cultivar *Pinguicula 'Sethos'* et *Pinguicula moranensis f. huajuapan.*

– *Description :* plante vivace, en rosette, dont les auteurs mentionnent deux tailles : une petite et une grande. Feuilles obovales. Grandes fleurs de 2 à 3 cm de haut avec autant de largeur, d'un violet profond.

CONDITIONS PARTICULIÈRES DE CULTURE

– *Température :* 20 à 30 ° en été, 5 à 15 °en hiver. Un des deux hybrideurs signale avoir fait subir à ses plantes sans aucun dommage, deux à trois nuits à 0°.

– *Lumière :* pas de soleil direct, mais forte luminosité toute l'année.

– *Arrosages :* substrat simplement humide. Pendant le repos, l'humidité de la terre doit être faible.

– *Hygrométrie :* 50 à 80 %.

– *Substrat :* par exemple, 30 % de tourbe blonde, 10 % de sable, 50 % de perlite, 10 % vermiculite.

– *Période de repos :* en hiver.

– *Parasites et maladies :* surveillez en hiver l'attaque d'un acarien microscopique qui fait brunir les feuilles du cœur de la rosette. Il attaque aussi d'autres espèces de *Pinguicula.*

– *Remarque :* c'est avec un grand plaisir que je tenais à faire figurer ce cultivar dans ce livre. Pur produit français, aux fleurs superbes, issu de la grande compétence et l'acharnement d'un hybrideur Monsieur Laurent Legendre, avec la complicité d'un collectionneur talentueux, Monsieur Serge Lavayssière.

PINGUICULA MORANENSIS F. HUAJUAPAN

LENTIBULARIACEAE

PRESENTATION GÉNÉRALE

– *Milieu naturel :* Mexique (près du village Huajuapan de Leon), sol moussu humide en milieu semi-ombragé. Climat subtropical, sub-humide, d'altitude. Une espèce, plus quelques formes.
– *Description :* Plante vivace terrestre, de 10 cm de diamètre. Feuilles oblongues, à rosette hétérophylle. Nombreuses fleurs rose lilas aux lobes étroits. La période de floraison peut s'échelonner en culture sur plusieurs mois.

Les nombreuses variétés ou formes de l'espèce *P. moranensis*, portent très souvent, le nom de la localité où elles furent découvertes.

CONDITIONS PARTICULIÈRES DE CULTURE

– *Température :* en été entre 20° et 30°, en hiver 10° à 15 °.
– *Lumière :* pas de soleil direct, mais une forte luminosité toute l'année.
– *Arrosages :* en période de croissance, on peut maintenir 1 cm d'eau à la base du pot, ou maintenir le substrat simplement humide. Pendant le repos, l'humidité de la terre doit être faible.
– *Hygrométrie :* 50 à 80 %.
– *Substrat :* par exemple, 30 % de tourbe blonde, 10 % de sable, 50 % de perlite, 10 % vermiculite.
– *Période de repos :* nécessaire en hiver, ne pas la contrarier par un éclairage artificiel, et un apport de chaleur.
– *Parasites et maladies:* peu sensible, un risque existe néanmoins avec certains cryptogames qui produisent leurs attaques à la fin de l'automne.
– *Remarque :* avec près de 70 espèces, de très nombreuses variétés, formes, hybrides et cultivars, le genre *Pinguicula* est plein d'avenir. La joliesse des fleurs fait tous les ans succomber de nouveau amateurs.
– *Hivernage* : possible en pièce fraîche, ou en appartement si l'ambiance n'est pas trop sèche.

PINGUICULA ROTUNDIFLORA

LENTIBULARIACEAE

Très appréciée dans les collections, pour ses ravissantes et abondantes fleurs violet pale, en plein hiver.

PRESENTATION GÉNÉRALE.

– *Milieu naturel :* Mexique (région d'Oaxaca : sierra de Tamaulipas). Pousse sur sol moussu. Climat tropical, humide. La mention du climat pour les *Pinguicula* mexicaine doit être prise avec prudence, car elles poussent souvent en altitude (800 à plus de 3000 mètres), avec parfois des températures nocturnes qui frôlent 0°.
– *Description :* plante vivace terrestre, de 3 cm de diamètre. Feuilles d'été singulières, avec une base étroite et linéaire, arrondie dans la partie supérieure, rosette hétérophylle. Nombreuses fleurs.

CONDITIONS PARTICULIÈRES DE CULTURE

– *Température :* en été entre 20° et 30°, en hiver 5° à 15 °.
– *Lumière :* pas de soleil direct, mais une forte luminosité toute l'année.
– *Arrosages :* substrat simplement humide. Pendant le repos, l'humidité de la terre doit être faible.
– *Hygrométrie :* 50 à 80 %.
– *Substrat :* par exemple, 30 % de tourbe blonde, 10 % de sable, 50 % de perlite, 10 % vermiculite.
– *Période de repos :* en fin d'hiver.
– *Parasites et maladies :* peu sensible.
– *Remarque :* diffusée au début des années1980 sous le nom de *Pinguicula spec. nova. 2*, dans l'exceptionnelle liste de vente de Harald Weiner. Cette nouvelle espèce fut officiellement nommée en 1985 par Miloslav Stunicka, *Pinguicula rotundiflora.*

SARRACENIA ALATA F. *RED THROAT*

SARRACENIACEAE

Belle forme plus rare en collection que l'espèce. Elle se différencie par le dessous du capuchon et la gorge rouge foncé

PRESENTATION GÉNÉRALE

– *Milieu naturel :* Amérique du Nord (Texas). Pousse dans des sols argileux comme dans des prairies sableuses. Climat tempéré, humide. On a décrit aussi une espèce, ainsi que deux autres formes ou variétés, dont il serait intéressant d'étudier le rang taxonomique.

– *Description :* Plante vivace terrestre, de 70 cm de haut, possédant un rhizome. Feuilles radicales en forme d'urne. Les tiges florales de 75 cm de haut, portent des fleurs solitaires jaune pâle.

CONDITIONS PARTICULIÈRES DE CULTURE

– *Température :* en été 20 à 30 °, hiver 5 à 15°. En tourbière extérieure aménagée, elle résiste sans problème à -10°.

– *Lumière :* plein soleil même en période de repos.

– *Arrosages :* adoptez la technique décrite dans le chapitre « Entretien courant ».

– *Hygrométrie :* 40 à 70 %.

– *Substrat :* par exemple, 70 % de tourbe blonde, 20 % de sable, 10 % perlite.

– *Période de repos :* en hiver, forme très rarement des phyllodes (pétioles aplatis qui font office de feuilles).

– *Parasites et maladies :* pucerons, et, plus redoutables, cochenilles floconneuses (poux des racines) dont on se débarrasse très difficilement, et qui affectent aussi les autres *Sarracenia*.

– *Remarque :* cette plante de culture facile forme en quelques années de grosses touffes. Diviser les, le surplus fera le bonheur de vos amis, vous leur communiquerez sûrement une passion dévorante.

SARRACENIA X EXCELLENS

SARRACENIACEAE

Cet hybride naturel reste, à mon goût, un des plus beaux. Il rivalise sans aucune peine avec les dernières créations horticoles dans ce genre.

PRESENTATION GÉNÉRALE

– *Milieu naturel :* Amérique du Nord (Georgie, Floride). Croît dans les zones de marais. Climat tempéré, humide. Il provient d'un croisement de *Sarracenia minor* avec *Sarracenia leucophylla.*
– *Description :* plante vivace terrestre, de 80 cm de haut, possédant un rhizome. Feuilles en forme d'urne. Fleur rouge orangé, solitaire.

CONDITIONS PARTICULIÈRES DE CULTURE

– *Température :* en été 20 à 30 °, hiver 1 à 15°. En tourbière extérieure aménagée, résiste sans problème à -10°.
– *Lumière :* plein soleil.
– *Arrosages :* adoptez la technique décrite dans le chapitre « Entretien courant ».
– *Hygrométrie :* 40 à 70 %.
– *Substrat :* par exemple, 70 % de tourbe blonde, 20 % de sable, 10 % perlite.
– *Période de repos :* en hiver.
– *Parasites et maladies :* pucerons, cochenilles, botrytis, phytophthora.
– *Remarque :* si vous décidez de recréer vous-même ce croisement, armez-vous de patience. Il faut 7 à 10 ans pour que la progéniture obtienne sa taille définitive, cela par semis traditionnel. Le moment venu, vous savourerez toute la bienveillance que vous leur aurez prodiguée pendant tout ce temps.

SARRACENIA FLAVA VAR. *RUGELII*

SARRACENIACEAE

Cette variété de plante-trompette possède une grande tache rouge sous le capuchon, et de grandes fleurs au printemps.

■ PRESENTATION GÉNÉRALE

– *Milieu naturel :* Amérique du Nord (Floride du Nord et Géorgie du Sud), dans des marécages ou des prairies humides, au sol sableux et parfois tourbeux. Climat tempéré, humide. D'après le Dr D. E. Schnell, éminent spécialiste américain, on dénombre sept variétés de *Sarracenia flava.*

– *Description :* Plante vivace terrestre, de 1m de haut, possédant un rhizome. Feuilles radicales en forme d'urne. Fleur jaune, solitaire.

■ CONDITIONS PARTICULIÈRES DE CULTURE

– *Température :* en été 20 à 30 °, hiver 5 à 15°. En tourbière extérieure aménagée, elle résiste sans problème à -12°.
– Lumière : plein soleil ou ombre très légère.
– *Arrosages :* adoptez la technique décrite dans le chapitre « Entretien courant »
– *Hygrométrie :* 40 à 70 %.
– *Substrat :* par exemple, 70 % de tourbe blonde, 20 % de sable, 10 % perlite.
– *Période de repos :* en hiver, présence de phyllodes (pétioles aplatis qui font office de feuilles).
– *Parasites et maladies:* pucerons, cochenilles. Surveillez les attaques de champignons en hiver (botrytis) et en été (phytophthora).
– *Remarque :* dans la serre d'un collectionneur gersois, j'ai découvert un pied magnifique et impressionnant de cette variété. Ma main a pu se glisser au trois- quarts dans l'ouverture de l'urne !

SARRACENIA PURPUREA SUBSP. *VENOSA*

SARRACENIACEAE

L'espèce fut introduite au XVIIe siècle en Europe, plus précisément en Angleterre. C'était la première introduction du genre Sarracenia sur le vieux continent.

PRESENTATION GÉNÉRALE

– *Milieu naturel :* Amérique du Nord (New Jersey, Georgie, Alabama, Floride, Mississippi, Louisiane). Croît dans les zones de marais. Climat tempéré, humide. On a décrit aussi, une espèce, une forme et des cultivars.
– *Description :* Plante vivace terrestre, de 45 cm de haut, possédant un rhizome. Feuilles en forme de cornet. Fleur rouge, solitaire.

CONDITIONS PARTICULIÈRES DE CULTURE

– *Température :* en été 15 à 30 °, hiver 1 à 15°. En tourbière extérieure aménagée, elle résiste sans problème à -12°.
– *Lumière :* plein soleil.
– *Arrosages :* adoptez la technique décrite dans le chapitre « Entretien courant »
– *Hygrométrie :* 40 à 70 %.
– *Substrat :* par exemple, 70 % de tourbe blonde, 20 % de sable, 10 % perlite.
– *Période de repos :* en hiver, mais la plante conserve une partie de son feuillage.
– *Parasites et maladies:* idem aux autres *Sarracenia.*
– *Remarque :* cette sous-espèce, de culture facile, s'adapte très bien à l'extérieur. Je cultive plusieurs pieds, depuis plus de 15 ans dans des mini-tourbières artificielles. Ils me procurent chaque année un grand nombre de fleurs, pour confectionner des bouquets. Déception : ils exhalent une odeur de « pipi de chat ».

SARRACENIA X SWANIANA

SARRACENIACEAE

PRESENTATION GÉNÉRALE

– *Milieu naturel :* Amérique du Nord, (Caroline du Nord et du Sud, Georgie, Floride). Savane marécageuse. Climat tempéré, humide.
– *Description :* plante vivace terrestre, de 50 cm de haut, possédant un rhizome. Feuilles dressées en forme d'urne, dont le haut est légèrement courbé vers le centre. Fleur grenat, solitaire.

Fruit du croisement entre *Sarracenia minor* et *Sarracenia purpurea* , sa couleur est très variable selon la forme de *Sarracenia purpurea* utilisée.

CONDITIONS PARTICULIÈRES DE CULTURE

– *Température :* en été 20 à 30 °, hiver 1 à 15°. En tourbière extérieure aménagée, résiste sans problème à -12°.
– *Lumière :* plein soleil.
– *Arrosages :* adoptez la technique décrite dans le chapitre « Entretien courant ».
– *Hygrométrie :* 40 à 70 %.
– *Substrat :* par exemple, 70 % de tourbe blonde, 20 % de sable, 10 % perlite.
– *Période de repos :* en hiver.
– *Parasites et maladies :* pucerons, cochenilles, botrytis, phytophthora.
– *Remarque :* toutes les collections devraient le posséder, car il est singulier et facile à élever. Soyez attentif dans votre choix, certains croisements sont plus beaux que d'autres. Comme précisé plus haut, le *Sarracenia purpurea* utilisé soit donnera une forte dominance rouge, soit laissera bien visible les ocelles blancs de *Sarracenia minor*. C'est à cette seconde possibilité que va ma préférence.

UTRICULARIA GIBBA

LENTIBULARIACEAE

Parmi les plantes carnivores aquatiques, difficiles de culture, c'est la seule que le néophyte pourra réussir. De très jolies fleurs jaunes en prime.

PRESENTATION GÉNÉRALE

– *Milieu naturel :* ubiquiste, fossés, lacs, rivières, marais, eaux oligotrophes à mésotrophes. Zones tempérées et tropicales.
– *Description :* Plante vivace, sans racine de 20 cm de long. Feuilles de 0.5 à 1.5 cm de long, utricules de 1 à 2,5 mm. Les tiges florales sortant de l'eau sont du plus bel effet, quand les plantes sont implantées dans un bassin à l'extérieur.

CONDITIONS PARTICULIÈRES DE CULTURE

– *Température :* eau à 20-25° en été, et 10-20° en hiver. Souple quant à ses exigences, elle peut être cultivée en extérieur en bassin aménagé, et résiste au moins jusqu'à -10°.
– *Arrosages :* voir chapitre « L'eau des plantes aquatiques ».
– *Hygrométrie :* aucune importance.
– *Substrat :* fond de l'aquarium ou du bassin fait de tourbe blonde.
– *Période de repos :* conditionnée par les températures et la lumière, la plante rentre plus ou moins dans un état de repos.
– *Parasites et maladies :* pucerons sur les hampes florales, attention à certains escargots d'eau.
– *Remarque :* j'ai débuté, la culture des plantes carnivores aquatiques par cette espèce. Toute ma reconnaissance va au Dr Jacobus Landwehr qui me l'a fournie. Ce spécialiste mondial des orchidées européennes, éminent botaniste, habitait le Lot où il cultivait cette utriculaire dans un grand bassin extérieur.

UTRICULARIA LIVIDA F. *DURBAN*

LENTIBULARIACEAE

PRESENTATION GÉNÉRALE

– *Milieu naturel :* Afrique du Sud (région de Durban). Prairies humides, rives de cours d'eau. Climat tropical, humide. Une espèce et quelques formes. La grande variabilité des fleurs de l'espèce, avait permis l'existence d'une trentaine de noms d'espèces entre 1847 et 1955. Ils ne sont actuellement que des synonymes.
– *Description :* petite plante vivace terrestre, stolonifère. Feuilles cunéiformes de 1,7 cm de long, utricules de 2 mm. Fleurs plus grandes que celle de l'espèce, moins nombreuses, de couleurs lilas, sans tache jaune.

Des fleurs sur lesquelles il faut savoir se pencher pour en apprécier toute la délicatesse.

CONDITIONS PARTICULIÈRES DE CULTURE

– *Température :* en été 20 à 35 °, 5 à 15 ° l'hiver.
– *Lumière :* il lui faut beaucoup de lumière, même du plein soleil, ce qui assure une abondante floraison.
– *Arrosages :* adoptez la technique décrite dans le chapitre « Entretien courant ».
– *Hygrométrie :* 50 à 80 %.
– *Substrat :* par exemple, 70 % de tourbe blonde, 20 % de sable, 10 % de vermiculite.
– *Période de repos :* pas vraiment, simplement un arrêt de floraison en hiver ou en fin d'hiver.
– *Parasites et maladies :* peu fréquents, surveillez l'oïdium et les pucerons sur les hampes florales.
– *Remarque :* les adjectifs pourraient être nombreux pour qualifier les fleurs des utriculaires : ravissantes, gracieuses, délicates, … Mon regret vient des nombreuses personnes qui, pour diverses raisons, n'osent se pencher ou se coucher, pour découvrir au bon niveau, à la bonne distance des yeux, la beauté de ces fleurs.

UTRICULARIA SANDERSONII

LENTIBULARIACEAE

Très connue des amoureux de ces végétaux, cette utriculaire est particulièrement recommandée pour tous ceux qui sont sur le « pas de la porte » de cet univers.

PRESENTATION GÉNÉRALE

– *Milieu naturel :* Afrique du Sud, sur des rochers moussus. Climat tropical à subtropical, humide à sub-humide. Il existe une forme.

– *Description :* petite plante vivace, lithophyte (poussant sur la pierre), stolonifère. Feuilles spatulées de 5mm, utricules de 1,5mm. Inflorescence de 2 à 6 cm de haut, fleur mauve pâle. Floraison abondante.

CONDITIONS PARTICULIÈRES DE CULTURE

– *Température :* 20 à 35° en été, 5 à 20° en hiver. Grande souplesse.

– *Lumière :* bonne luminosité. Floraison possible sous lumière artificielle.

– *Arrosages :* adoptez la technique décrite dans le chapitre « Entretien courant ».

– *Hygrométrie :* 50 à 80%.

– *Substrat :* par exemple, 70 % de tourbe blonde, 20 % de sable, 10 % de vermiculite.

– *Période de repos :* pas vraiment, simplement un arrêt de floraison en hiver ou en fin d'hiver.

– *Parasites et maladies:* peu sensible, surveillez les pucerons.

– *Remarque :* d'une distribution et d'un habitat restreint, elle pousse pourtant, et fleurit facilement en culture. C'est ce que souligne Peter Taylor, spécialiste mondial du genre, auteur de la monographie *The genus Utricularia*, ouvrage de 724 pages, bientôt sur votre table de chevet, comme sur celle de tous les mordus de ce type de plantes.

FICHES DE CULTURE PAR ESPÈCE

PLANTES CARNIVORES

POUR AMATEURS

Les plantes carnivores présentées dans cette partie raviront l'amateur. Il éprouvera avec elles le plaisir de réussir la culture de végétaux peu malléables mais ô combien désirables, tant leurs beautés et leurs formes sont attachantes.

BYBLIS LINIFLORA

BYBLIDACEAE

Pittosporaceae, Lentibulariaceae, Byblidaceae, de 1839 à 1920, cette plante fut classée successivement dans ces trois familles. Ouf ! la dernière fut la bonne.

PRESENTATION GÉNÉRALE

– *Milieu naturel :* Australie (de l'Ouest, Territoires du Nord, Queensland), Nouvelle-Guinée. Pousse dans les zones marginales plus sèches des milieux humides. Climat tropical, humide. Il existe, quatre autres espèces, dont trois récemment décrites.
– *Description :* plante annuelle terrestre, de 15 cm de haut. Feuilles linéaires, filiformes, de 8 cm de long. Fleurs mauve rosâtre, qui peuvent éclorent en même temps.

CONDITIONS PARTICULIÈRES DE CULTURE

– *Température :* 18 à 30° pendant la saison de croissance (printemps, été).
– *Lumière :* Beaucoup de lumière d'origine naturelle.
– *Arrosages :* maintenir le substrat humide, ne pas laisser la base du pot tremper dans l'eau.
– *Hygrométrie :* 70 à 80 %.
– *Substrat :* par ex. 50 % de tourbe blonde, 50 % de sable.
– *Période de repos :* annuelle, la plante ne vit que quelques mois et meurt généralement en hiver.
– *Parasites et maladies :* surveillez les pucerons.
– *Remarque :* il faut la ressemer chaque année, en fin de printemps, pour obtenir une bonne germination. La récolte des graines s'effectuera dans l'été, et jusqu'à l'automne. Actuellement, le caractère carnivore, au sens strict, de cette plante est controversé.

CATOPSIS BERTERONIANA

BROMELIACEAE

PRESENTATION GÉNÉRALE

– *Milieu naturel :* Amérique du Nord et du sud (Floride jusqu'en Colombie, Venezuela, Brésil, Caraïbes). Pousse sur les arbres en compagnie d'autres Broméliacées. Climat, tropical humide. Sur les vingt et une espèces existantes, celle-ci est la seule carnivore.
– *Description :* plante vivace, plus de 40 cm de haut. Feuilles en forme de gouttières, acuminées. Fleurs blanches de 2 cm de diamètre, portées par une hampe florale atteignant plus de 1m de haut.

Comme les *Tillandsia*, surnommés « fille de l'air », il vit en épiphyte. La comparaison s'arrête là, car cette plante a développé des mœurs carnivores.

CONDITIONS PARTICULIÈRES DE CULTURE

– *Température :* 18 à 35° en été, 15 à 20° en hiver.
– *Lumière :* forte luminosité nécessaire. L'ensemble du feuillage doit être érigé. Comme pour *Brocchinia*, on voit souvent en culture des plantes dont l'extrémité des feuilles retombe, par manque de lumière.
– *Arrosages :* vaporisations régulières sur le feuillage. Une fois par semaine si humidité de l'ordre de 90 %.
– *Hygrométrie :* 80 à 90 %.
– *Substrat :* aucun, coller la base de la plante, avec une colle néoprène, sur un morceau de liège.
– *Période de repos :* pas vraiment.
– *Parasites et maladies :* attention aux cochenilles.
– *Remarque :* si vous cultivez des *Tillandsia*, vous n'aurez pas de problème avec cette plante, tant la culture est similaire. Pour les autres, soyez vigilant avec l'humidité atmosphérique et la lumière.

CEPHALOTUS FOLLICULARIS

CEPHALOTACEAE

Une des plantes carnivores les plus attirantes et les plus convoitées. Sa culture reste néanmoins réservée aux amateurs.

PRESENTATION GÉNÉRALE

– *Milieu naturel :* Australie du sud (de la ville d'Augusta jusqu'au nord-est de celle d'Albany). Elle se développe dans des marais tourbeux, dont l'eau ruisselle souvent sous la surface. Climat de type Méditerranéen, atténué par la proximité de l'océan. Une seule espèce.

– *Description :* plante vivace terrestre, pouvant atteindre 60 cm de diamètre. Feuilles de 2 formes : simple et lancéolées pour les premières, les secondes forment les pièges en ascidies. L'inflorescence de 60 cm de haut porte des petites fleurs blanches sans pétales.

CONDITIONS PARTICULIÈRES DE CULTURE

– *Température :* 18 à 35° l'été, 5 à 15° l'hiver.

– *Lumière :* pousse en situation ombragée, ainsi qu'en forte luminosité; évitez le plein soleil.

– *Arrosages :* adoptez la technique décrite dans le chapitre « Entretien courant ».

– *Hygrométrie :* 60 à 95%.

– *Substrat :* par exemple, 50 % de tourbe blonde, 10 % de sable, 30 % de perlite, 10 % de vermiculite.

– *Période de repos :* en hiver.

– *Parasites et maladies :* pucerons et oïdium sont les plus fréquents.

– *Remarque :* je suis toujours persuadé qu'elle reste en culture une plante « lunatique ». Elle peut croître à profusion pendant de nombreuses années ou s'obstiner à végéter, puis à mourir rapidement. Plus encore que toutes les autres, un grand volume de tourbe (0,60 cm x 0,60 cm x 0,60 cm) semble essentiel.

DROSERA ADELAE

DROSERACEAE

Rares sont les *Drosera* aux fleurs rouges.
Il vous les procurera en abondance, pour peu que vous le placiez dans ses conditions d'origine.

PRESENTATION GÉNÉRALE

– *Milieu naturel :* Australie (Queensland : localisé à 100 km au sud-est de Cairns). Pousse dans les secteurs montagneux, aux précipitations élevées. Climat tropical, humide. Il existe une forme.
– *Description :* Petite plante vivace terrestre, de 25 cm de haut. Feuilles lancéolées, acuminées de 10 à 25 cm de long, 10 mm de large. Inflorescence de 35 cm de haut, nombreuses fleurs rouges.

CONDITIONS PARTICULIÈRES DE CULTURE

– *Température :* 18 à 30° en été, 16 à 20° l'hiver.
– *Lumière :* tamisée, surtout pas de soleil direct.
– *Arrosages :* adoptez la technique décrite dans le chapitre « Entretien courant ».
– *Hygrométrie :* 80 à 90 % pour une pousse optimale.
– *Substrat :* par exemple, 50 % de tourbe blonde, 20 % de sable, 30 % de perlite.
– *Période de repos :* en hiver.
– *Parasites et maladies :* attention aux pucerons.
– *Remarque :* une culture saine et vigoureuse sur le long terme reste imprévisible. Ce *Drosera* m'a fait connaître, dans ma pépinière, peines et joies. Parcimonieux ou abondant suivant les ans, il reste malgré tout difficile à perdre totalement, si l'on prend soin de lui fournir humidité et chaleur.

DROSERA BURMANNI

DROSERACEAE

Vous serez surpris en observant ses poils glanduleux marginaux. Ils sont dotés de mouvements rapides, bien visibles à l'œil, pour la capture des proies.

PRESENTATION GÉNÉRALE

– *Milieu naturel :* Australie, Inde, Chine, Japon, sud-est de l'Asie. Les sols sont variables : sable, tourbe, grès, terre grasse, … Climat tropical. Quelques formes.
– *Description :* Plante annuelle, terrestre, de 2 à 4 cm de diamètre. Feuilles obovales, spatulées. Nombreuses fleurs blanches de 8 mm de diamètre.

CONDITIONS PARTICULIÈRES DE CULTURE

– *Température :* 18 à 35° pendant la saison de croissance (printemps, été).
– *Lumière :* forte luminosité.
– *Arrosages :* adoptez la technique décrite dans le chapitre « Entretien courant ».
– *Hygrométrie :* 70 à 80 %.
– *Substrat :* par exemple, 70 % de tourbe blonde, 10 % de sable, 10 % de perlite, 10 % de vermiculite.
– *Période de repos :* annuelle, la plante ne vit que quelques mois et meurt généralement en hiver.
– *Parasites et maladies :* pucerons, botrytis. Ce dernier détruit rapidement la plante.
– *Remarque :* ce *Drosera* original fut parmi les premiers que je voulus posséder. Ces végétaux annuels se multiplient abondamment, mais leur acclimation est délicate. Près de 8 ans d'essais furent nécessaires, pour arriver à obtenir un cycle de vie complet. Les plantes succombaient les unes après les autres, sans fleurir, et donc aucun espoir de graines. La persévérance, la patience finirent par aboutir. Depuis, les générations se succèdent pour mon grand bonheur.

Drosera menziesii subsp. *menziesii*

DROSERACEAE

La plus renommée du groupe des *Drosera* tubéreux, dont la particularité est de former des petits bulbes, de couleur et de taille variables.

PRESENTATION GÉNÉRALE

– *Milieu naturel :* Australie (approximativement au sud d'ouest d'une ligne reliant la ville d'Eneabba au mont Ragged). Pousse près des marais, sols glaiseux, sableux et tourbeux. Climat, subtropical ou méditerranéen. Il existe trois sous-espèces.
– *Description :* Plante bulbeuse, vivace, terrestre, flexueuse, de 25 cm de haut. Feuilles orbiculaires, de 3,5 mm de diamètre. Bulbe rouge. Jolies fleurs rose foncé.

CONDITIONS PARTICULIÈRES DE CULTURE

– *Température :* 18 à 40° l'été, 5 à 15° l'hiver.
– *Lumière :* forte lumière, même du plein soleil.
– *Arrosages :* tenir humide pendant la période de croissance (décembre à mai / juin). Le reste du temps, la plante est au repos. Apporter de l'eau avec parcimonie pour maintenir le sol à peine frais, et éviter la dessiccation du bulbe.
– *Hygrométrie :* 40 à 70%.
– *Substrat :* par exemple, 20 % de tourbe blonde, 80 % de sable.
– *Période de repos :* fin du printemps, été, début de l'automne.
– *Parasites et maladies :* pucerons.
– *Remarque :* si la culture des *Drosera* bulbeux vous tente, faites vos premiers essais avec cette plante. Facile à faire pousser et fleurir, vous acquérrez avec elle à la longue, un certain doigté. Il vous permettra de réussir la culture des autres espèces de ce groupe, comptant parmi les plus belles.

DROSERA STELLIFLORA

DROSERACEAE

Petit bijoux aux fleurs blanches, appartenant au groupe qualifié de « miniature ». Leurs rosettes se situent en dessous de 3 cm de diamètre.

PRESENTATION GÉNÉRALE

– *Milieu naturel :* Australie, (uniquement dans la région entre Busselton et Augusta). Climat de type Méditerranéen.
– *Description :* Plante vivace terrestre, de 2.5 cm de diamètre. Feuilles elliptiques, de 2.5mm de long, 1.3 mm de large. Hampe florale de 4 cm de haut, portant plus de 40 petites fleurs de 4 mm de diamètre.

CONDITIONS PARTICULIÈRES DE CULTURE

– *Température :* 18 à 40° l'été, 5 à 15° l'hiver.
– *Lumière :* forte lumière, même du plein soleil.
– *Arrosages :* tenir humide pendant la période de croissance (décembre à mai / juin), le reste du temps il est nécessaire d'apporter l'eau avec parcimonie; éviter juste le point de flétrissement.
– *Hygrométrie :* 40 à 70 %.
– *Substrat :* on peut par exemple utiliser la composition suivante 40 % de tourbe blonde, 40 % de sable, 10 % de perlite, 10 % de vermiculite.
– *Période de repos :* en été, la plante ne vit que quelques mois en culture, elle meurt généralement à la fin de l'automne après la phase de dispersion des gemmes (forme de multiplication végétative de ce groupe de *Drosera* miniatures).
– *Parasites et maladies :* pucerons, botrytis qui sévit au stade des gemmes.
– *Remarque :* on doit la description récente en 1992 de ce *Drosera* à deux éminents botanistes S. Carlquist et A. Lowrie. Ce dernier, très connu des passionnés de plantes carnivores, pour son excellente trilogie sur la flore carnivore Australienne, « Carnivorous Plants of Australia ».

GENLISEA HISPIDULA SUBSP. HISPIDULA

LENTIBULARIACEAE

PRESENTATION GÉNÉRALE

– *Milieu naturel :* Afrique tropicale, de l'ouest, du sud. Marais, sur sol humide ou en eau peu profonde. Climat tropical. Une sous-espèce.
– *Description :* Plante vivace semi-aquatique de 8 cm de diamètre, aux feuilles spatulées 2 à 4 cm de long. Ses pièges, diaphanes en forme de fourche et possédant une petite cavité, sont d'un type unique parmi les plantes carnivores. Petites fleurs mauves.

Difficile à se procurer et délicat à cultiver, c'est un des genres les moins fréquents chez les collectionneurs de plantes carnivores.

CONDITIONS PARTICULIÈRES DE CULTURE

– *Température :* 18 à 30° en été, 18 à 20° l'hiver.
– *Lumière :* Beaucoup de lumière.
– *Arrosages :* vous devez ici utiliser une soucoupe plus haute que le pot. Pendant la période de croissance (printemps-été) tenir le niveau d'eau juste en dessous du bord supérieur du pot. Le reste de l'année, maintenir l'eau au quart de la hauteur du pot.
– *Hygrométrie :* 80 à 90 %.
– *Substrat :* par exemple, 10 % de tourbe blonde, 90 % de sable grossier.
– *Période de repos :* hiver.
– *Parasites et maladies :* attention aux pucerons sur les hampes florales.
– *Remarque :* il me semble que des cinq espèces que je cultive actuellement, celui-ci soit la moins difficile. J'espère que ces plantes, d'aspect anodin, prendront une place plus grande dans les collections, qui ne seraient être complètes sans une espèce de ce genre.

HELIAMPHORA NUTANS

SARRACENIACEAE

Cette espèce paraît être la plus cultivée du genre, endémique des Tepuys vénézuéliens, sans doute parce que ce fut la première à être découverte, en 1838.

PRESENTATION GÉNÉRALE

– *Milieu naturel :* Venezuela, sur les hauts plateaux des Tepuys (Mont Roraïma, Tramen Tepuy). Elle pousse dans des sables gréseux, sur des rochers, avec un peu d'humus. Climat tropical, fortement changeant, créant d'importantes amplitudes thermiques. Une forme connue.
– *Description :* Plante vivace terrestre, de 30 cm de haut. Feuilles en forme de cornet munies d'un petit opercule. Grandes hampes, portant des fleurs blanches, penchées en avant.

CONDITIONS PARTICULIÈRES DE CULTURE

– *Température :* 15 à 30° l'été, 5 à 18° l'hiver.
– *Lumière :* très forte luminosité.
– *Arrosages :* utiliser une soucoupe plus haute que le pot. Pendant la période de croissance (printemps-été) tenir le niveau d'eau juste en dessous du bord supérieur du pot. Le reste de l'année, le maintenir à mi-hauteur.
– *Hygrométrie :* 60 à 90 %.
– *Substrat :* par exemple, 50 % de tourbe blonde, 10 % de sable, 30 % de perlite, 10 % de vermiculite.
– *Période de repos :* milieu de l'hiver et milieu de l'été.
– *Parasites et maladies :* pucerons, cochenilles, et champignons.
– *Remarque :* je ne peux m'empêcher, à la vue d'un *Heliamphora* de penser à Conan Doyle. Il situait un de ses romans *Le Monde perdu* sur les hauts plateaux vénézueliens qui les abritent. Délectez-vous de ce livre si vous ne l'avez pas encore fait. Pensez pour la circonstance, à mettre une de ces plantes près de vous, le voyage est garanti…

HELIAMPHORA TATEI

SARRACENIACEAE

PRESENTATION GÉNÉRALE

– *Milieu naturel :* Venezuela (Hauts plateaux des Tepuys : Cerro Duida, Cerro Huachamacari, Cerro Maharuaca, Cerro Neblina ?), dans des sables gréseux, sur des rochers avec un peu d'humus. Climat tropical, fortement changeant, créant d'importantes amplitudes thermiques. On a décrit deux variétés, dont le rang taxonomique reste à confirmer.
– *Description :* Plante vivace terrestre, de 1 à 5 m de haut. Feuilles en forme de cornet munies d'un petit opercule. Grandes hampes, portant des fleurs blanches ou rouges.

Surprenante par sa taille, cette espèce forme des troncs de plusieurs mètres de haut, qui supportent les urnes.

CONDITIONS PARTICULIÈRES DE CULTURE

– *Température :* 15 à 30° l'été, 5 à 18° l'hiver.
– *Lumière :* très forte luminosité.
– *Arrosages :* utiliser une soucoupe plus haute que le pot. Pendant la période de croissance (printemps-été), tenir le niveau d'eau juste en dessous du bord supérieur du pot. Le reste de l'année, le maintenir à mi-hauteur.
– *Hygrométrie :* 60 à 90 %.
– *Substrat :* par exemple, 100 % de sphaigne vivante.
– *Période de repos :* milieu de l'hiver et milieu de l'été.
– *Parasites et maladies :* pucerons, cochenilles, et champignons.
– *Remarque :* comme les autres plantes du genre, elle apprécie les écarts de température sur 24 heures. Si votre installation le permet, procurez leur des journées pas trop chaudes, et des nuits fraîches.

NEPENTHES GYMNANPHORA

NEPENTHACEAE

Cette espèce qui pousse sur deux îles présente pour cette raison quelques variations. Ces formes méritent d'être cultivées, tant je leur trouve d'élégance.

PRESENTATION GÉNÉRALE.

– *Milieu naturel :* Sumatra (Gunung Singgalang) et Java. Forêt, sur sol moussu. Climat tropical, humide, d'altitude. Plusieurs formes connues.

– *Description :* Plante vivace terrestre, grimpante, de 15 à 40 m de haut, feuilles lancéolées, urnes du bas de 12 cm, en forme de bulbe, celles du haut de 18 cm, plus cylindriques. Inflorescence de plus de 30 cm de long.

CONDITIONS PARTICULIÈRES DE CULTURE

– *Température :* 16 à 30° l'été, 16 à 20° l'hiver.

– *Lumière :* bonne luminosité, mais pas de soleil direct.

– *Arrosages :* maintenir le sol humide tout au long de l'année, sans laisser la base du pot tremper dans l'eau.

– *Hygrométrie :* 80 à 90 %.

– *Substrat :* par exemple, 50 % fibre de coco, 10 % écorces stabilisées, 10 % gravier, 10 % argile, 10 % polystyrène, 10 % vermiculite.

– *Période de repos :* hiver.

– *Parasites et maladies :* surtout cochenilles à carapaces.

– *Remarque :* mes plantes, en plusieurs années de culture, restent d'un petit développement. Là aussi, j'ai pu noter des variations significatives, d'une année sur l'autre de la croissance, tantôt vigoureuse, tantôt faible. Mais mon plaisir reste intact : à chaque saison, cette espèce me procure la vision de ses jolies urnes.

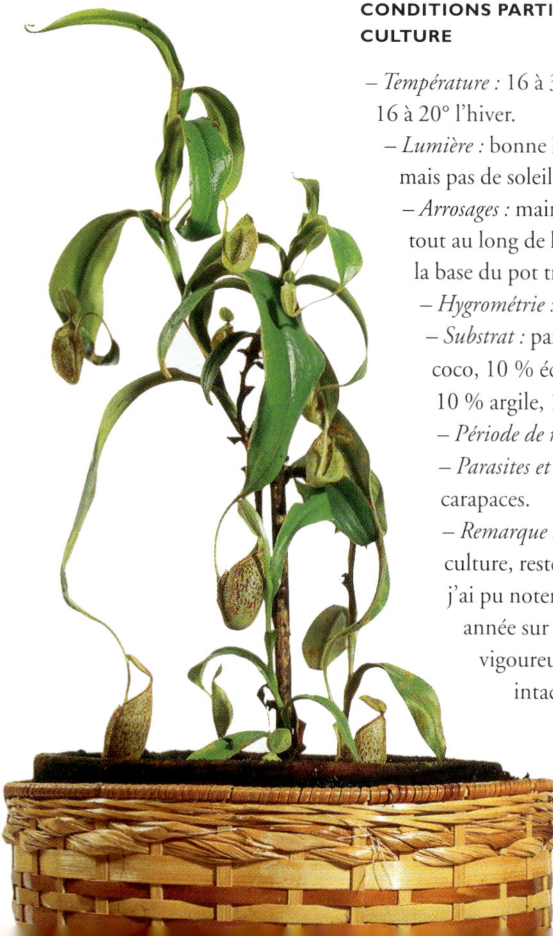

NEPENTHES HIRSUTA

NEPENTHACEAE

PRESENTATION GÉNÉRALE

– *Milieu naturel :* Bornéo (Sarawak, Brunei, Sabah, Kalimantan). Bords des escarpements, sur des sols sablo-gréseux, dans des mousses. Climat tropical, de plaine. Actuellement les anciennes variétés ne sont pas retenues.
– *Description :* Plante terrestre, grimpante, de 2 m de haut, feuilles lancéolées, spatulées, urnes cylindriques de 15 cm de haut. Inflorescence de plus de 18 cm de long.

Méritant bien son qualificatif, il est hérissé de poils. De plus, comme tous les autres *Nepenthes*, il existe des pieds mâles, et des pieds femelles.

CONDITIONS PARTICULIÈRES DE CULTURE

– *Température :* 16 à 30° l'été, 16 à 20° l'hiver.
– *Lumière :* bonne luminosité, mais pas de soleil direct.
– *Arrosages :* maintenir le sol humide tout au long de l'année, sans laisser la base du pot tremper dans l'eau.
– *Hygrométrie :* 80 à 90 %.
– *Substrat :* par exemple, 50 % fibre de coco, 10 % écorces stabilisées, 10 % gravier, 10 % argile, 10 % polystyrène, 10 % vermiculite.
– *Période de repos :* hiver.
– *Parasites et maladies :* surtout cochenilles à carapaces.
– *Remarque :* les meilleurs résultats, que j'ai obtenus avec cette espèce l'ont été en utilisant des pots en terre cuite de 20 cm de diamètre.

PINGUICULA EMARGINATA

LENTIBULARIACEAE

Délicate et gracile espèce mexicaine, une des rares grassettes à supporter les emplacements chauds et humides.

PRESENTATION GÉNÉRALE

– *Milieu naturel :* Mexique (zone entre Puebla et Vera Cruz). Sur parois rocheuses de grès, humides, avec un faible humus. Climat tropical.

– *Description :* Plante vivace, lithophyte, de 6 cm de diamètre. Feuilles obovales, d'une seule forme toute l'année. Petites fleurs blanc à mauve, parcourues par des veines plus foncées, dont la beauté s'apprécie à la loupe. Un instrument fort utile en botanique ! Nombreuses variations de formes de fleurs.

CONDITIONS PARTICULIÈRES DE CULTURE

– *Température :* 18 à 30° l'été, 16 à 20° l'hiver.

– *Lumière :* pas de soleil direct, lumière tamisée.

– *Arrosages :* maintenir le sol humide tout au long de l'année, sans laisser la base du pot tremper dans l'eau.

– *Hygrométrie :* 70 à 90°.

– *Hygrométrie :* 70 à 80°.

– *Substrat :* par exemple, 50 % de tourbe blonde, 10 % de sable, 30 de perlite, 10 % de vermiculite.

– *Période de repos :* courte et peu significative, la plante pousse presque toute l'année.

– *Parasites et maladies :* pucerons.

– *Remarque :* elle convient bien aux emplacements chauds et humides, là où peu d'espèces de ce genre se sentiront à l'aise. Je connais des personnes éprises par cette plante, à tel point qu'elles collectionnent avec assiduité toutes les variations des fleurs. Pourrait-on penser que ce soient des vendeurs de loupes ?

Pinguicula grandiflora f. *pallida*

Lentibulariaceae

Peuplant le Jura, elle pousse parfois en compagnie de l'espèce type *Pinguicula grandiflora* subsp.*grandiflora*, facile à différencier en fleurs.

PRESENTATION GÉNÉRALE

– *Milieu naturel :* France, Suisse (ouest du Jura). Pentes calcaires, humides, moussues. Climat continental, montagnard. On a décrit aussi une espèce, et une sous-espèce.
– *Description :* Plante vivace terrestre, de 8 cm de diamètre. Feuilles oblongues. Fleurs mauve clair. Les capsules contenant les graines avant maturité, sont vert clair. Dans l'espèce type, elles sont carmin.

CONDITIONS PARTICULIÈRES DE CULTURE

– *Température :* 16 à 25° en été, -10 à 10° en hiver.
– *Lumière :* mi-ombre.
– *Arrosages :* maintenir le sol humide tout au long de l'année, sans laisser la base du pot tremper dans l'eau.
– *Hygrométrie :* 60 à 80 %.
– *Substrat :* par exemple, 50 % de tourbe brune alcaline, 30 % de sable, 10 % de perlite, 10 % de vermiculite.
– *Période de repos :* en hiver.
– *Parasites et maladies :* pucerons, escargots, mulots, et le champignon *Ustilago pinguiculae* qui infecte le pollen.
– *Remarque :* la compréhension de la biologie, de la culture des *Pinguicula* de climat tempéré doit beaucoup au travail du Dr Jürg F. Steiger de Suisse. Botaniste voyageur et cultivateur de talent, il maîtrise parfaitement le sujet. Les installations pleines d'ingéniosités qu'il a créées pour ces plantes, ont inspiré bon nombre d'entre nous.

Pinguicula planifolia

Lentibulariaceae

Unique par la magnifique couleur des feuilles de certains individus, devenant rouge sombre par forte luminosité. À cultiver aussi pour la joliesse de ses fleurs.

PRESENTATION GÉNÉRALE

– *Milieu naturel :* Amérique du Nord (Floride, Mississippi). Savanes marécageuses, fossés, sables tourbeux. La plante est parfois recouverte par l'eau. Climat tropical à subtropical, humide.
– *Description :* Plante vivace terrestre, de 15 cm de diamètre. Feuilles elliptiques pointues. Fleur rose clair, solitaire.

CONDITIONS PARTICULIÈRES DE CULTURE

– *Température :* 16 à 35° l'été, 5 à 15° l'hiver. J'ai noté une résistance au froid, dans des mini-tourbières extérieures, jusqu'à –5°.
– *Lumière :* importante, même le plein soleil.
– *Arrosages :* adoptez la technique décrite dans le chapitre « Entretien courant ».
– *Hygrométrie :* 60 à 80 %.
– *Substrat :* par exemple, 60 % de tourbe blonde, 30 % de sable, 10 % de perlite, 10 % de vermiculite.
– *Période de repos :* en hiver.
– *Parasites et maladies :* surtout les pucerons.
– *Remarque :* on ne réussit la culture que rarement la première fois, il faut persévérer, jusqu'à trouver le lieu qui lui convienne. J'ai mis plusieurs années pour y arriver, changeant de serre tous les ans. Vous serez peut-être amenés, à faire de même dans votre maison, ou dans votre serre. La satisfaction viendra aussi du fait que vous pourrez cultiver, de la même façon, les belles cousines de cette région.

SARRACENIA RUBRA

SARRACENIACEAE

PRESENTATION GÉNÉRALE

– *Milieu naturel :* Amérique du Nord (Alabama, Georgie, Floride, Nord et Sud Caroline). Croît dans des marécages, plaines humides, sol sableux, parfois tourbeux. Climat tempéré, humide. Il existe quatre sous-espèces.
– *Description :* Plante vivace terrestre, de 50 cm de haut, possédant un rhizome. Feuilles érigées, en forme d'urne. Fleur rouge, solitaire, les plus petites du groupe.

Cette espèce se décline en plusieurs sous-espèces qui produisent, pour notre plaisir, une grande variété de taille de fleur et de nuances de rouge.

CONDITIONS PARTICULIÈRES DE CULTURE

– *Température :* 20 à 30° l'été, 5 à 15° l'hiver. En tourbière extérieure aménagée, résiste sans problème à -12°.
– *Lumière :* plein soleil.
– *Arrosages :* adoptez la technique décrite dans le chapitre « Entretien courant ».
– *Hygrométrie :* 40 à 70 %.
– *Substrat :* par exemple, 70 % de tourbe blonde, 10 % de sable, 10 % de perlite, 10 % de vermiculite.
– *Période de repos :* en hiver.
– *Parasites et maladies :* pucerons, cochenilles, surveillez les attaques de champignons en hiver (botrytis) et (phytophthora) en été.
– *Remarque :* je ne sais pas pourquoi, mais ce groupe semble sensible aux attaques de champignons en hiver, surtout en culture intérieure (serre, ou maison). Depuis 20 ans, j'ai utilisé divers traitements, aucun n'ayant vraiment réussi sur ce problème récurant, vos solutions seront bien venues !

UTRICULARIA FULVA

LENTIBULARIACEAE

Les fleurs qui éclosent, merveilleuses par leur couleur jaune abricot, permettent de la différencier des quelques deux cents autres espèces du genre.

PRESENTATION GÉNÉRALE.

– *Milieu naturel :* Australie (Territoires du Nord), dans les zones sablo-gréseuses. Climat tropical.
– *Description :* Plante plus ou moins annuelle, terrestre, stolonifère. Feuilles étroites, linéaires, pouvant atteindre 8 cm de long, utricules de 5 mm. Hampe florale de 7 à 40 cm de haut, portant de petites fleurs.

CONDITIONS PARTICULIÈRES DE CULTURE

– *Température :* 16 à 35° l'été, 16 à 20° l'hiver.
– *Lumière :* forte luminosité.
– *Arrosages :* adoptez la technique décrite dans le chapitre « Entretien courant ». On peut aussi laisser la base du pot baigner toute l'année dans un peu d'eau.
– *Hygrométrie :* 70 à 90 %.
– *Substrat :* par exemple, 70 % de tourbe blonde, 20 % de sable, 10 % de vermiculite.
– *Période de repos :* pas vraiment.
– *Parasites et maladies :* pucerons.
– *Remarque :* cette espèce rare à l'achat, mérite d'être mieux connue et mieux diffusée. Dans ma pépinière, elle se comporte comme une plante vivace. La serre chaude qui l'héberge semble favorable à sa croissance, elle devient même envahissante. Dommage que sa floraison soit si timide; je n'obtiens que quelques fleurs par an. À l'heure où j'écris ces lignes, j'attends fiévreusement ses fleurs, pour vous les faire découvrir dans ce livre.

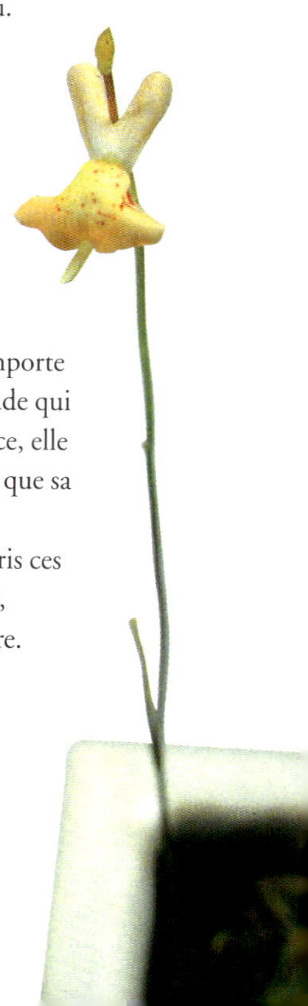

FICHES DE CULTURE PAR ESPÈCE

PLANTES CARNIVORES

POUR AMATEURS CHEVRONNÉS

Les plantes carnivores présentées dans cette partie sont réservées à l'amateur chevronné. Ici la patience, vertu primordiale du jardinier, prend tout son sens. Attendez sept à dix ans avant d'en faire l'acquisition, car toute erreur, même minime, de culture se soldera par la perte de la plante.

ALDROVANDA VESICULOSA

DROSERACEAE

En France, cette plante aquatique qui poussait au siècle dernier en abondance dans deux localités, semble disparue depuis une trentaine d'années.

PRESENTATION GÉNÉRALE

– *Milieu naturel :* Europe, Afrique, Asie, Japon et Australie. Dans les eaux douces, calmes, acides (étangs, …). Climat tropical, subtropical, et tempéré. Actuellement, les anciennes variétés ou forme ne sont pas retenues. On a découvert récemment en Australie, des populations fortement teintées de rouge, magnifiques !

– *Description :* Petite plante vivace, aquatique, flottante sans racine, de 10 à 50 cm de long. Feuilles réunies en verticilles, pièges à charnières de 5 à 7 mm de long. Fleurs, blanc verdâtre, de 8 mm.

CONDITIONS PARTICULIÈRES DE CULTURE

– *Température :* la température de l'eau conditionne la croissance (avec la lumière) : populations tropicales 22 à 30° l'été, 18 à 20° l'hiver. Populations tempérées (culture en extérieur) 18 à 25° l'été, -20 à 10° l'hiver.

– *Lumière :* soleil, ou légèrement tamisée.

– *Arrosages :* voir chapitre « Entretien Courant : L'eau des plantes aquatiques ».

– *Hygrométrie :* aucune importance.

– *Substrat :* fond de l'aquarium ou du bassin fait de tourbe blonde.

– *Période de repos :* oui pour les espèces tempérées, non pour les tropicales.

– *Parasites et maladies :* escargots d'eau.

– *Remarque :* malgré les travaux remarquables entrepris sur la compréhension de sa biologie et de sa culture, par Mrs L. Adamec de République Tchèque et C. Breckpot de Belgique, cette espèce reste l'une des plus difficiles.

BYBLIS GIGANTEA

BYBLIDACEAE

PRESENTATION GÉNÉRALE

– *Milieu naturel :* Australie de l'ouest (autour de la ville de Perth, Badgingarra, Eneabba). Se développe dans des marais, sur des sables blancs. Climat sub-humide, tempéré.

– *Description :* plante vivace terrestre, de 60 cm de haut. Feuilles linéaires de 20 cm de long. Fleurs de couleurs variables, rose, pourpre, très rarement blanche.

Intime relation que cette plante entretient avec les insectes, dans le cœur de ses fleurs. C'est la vibration de leurs ailes, en phase d'approche, qui provoque la libération du pollen.

CONDITIONS PARTICULIÈRES DE CULTURE

– *Température :* 18 à 30° en été, 8 à 10° l'hiver.
– *Lumière :* beaucoup (optez pour celle d'origine naturelle)
– *Arrosages :* maintenir le substrat humide, ne jamais laisser la base du pot tremper dans l'eau.
– *Hygrométrie :* 60 à 80 %.
– *Substrat :* par exemple, 80 % de sable blanc de quartz et 20% de tourbe blonde.
– *Période de repos :* en hiver.
– *Parasites et maladies :* surveillez les pucerons et l'oïdium.
– *Remarque :* le *Byblis gigantea* est réputé pour être délicat, cela est vrai. Sa germination est aléatoire et sa durée de vie limitée à 2 voire 3 ans en culture. N'arrosez jamais le dessus de la terre, l'eau doit être apportée par le dessous, et avec parcimonie en hiver, en été et en automne.

DARLINGTONIA CALIFORNICA

SARRACENIACEAE

Évoquant un serpent, c'est une des plus originale. À taille adulte, elle est impressionnante, mais pour l'amener à ce stade, il vous faudra de la dextérité.

PRESENTATION GÉNÉRALE

– *Milieu naturel :* Amérique du Nord (Oregon, Californie). Marais en plaine et en altitude, sur sol dit de serpentine, avec sphaignes, souvent flux d'eau froide sous la surface. Climat tempéré frais et humide, mais grandes variations des températures. Seule espèce du genre.
– *Description :* plante vivace, terrestre, de 0,90 à 1 m de haut, feuilles en cornets, dôme sur la partie supérieure avec un appendice. Les fleurs, à pétales bruns et sépales verts, sont suspendues.

CONDITIONS PARTICULIÈRES DE CULTURE

– *Température :* 15 à 30° l'été, l'hiver 5 à 15°. En tourbière extérieure, elle résiste à -10°, -12 (mais croissance faible).
– *Lumière :* de préférence à mi-ombre (les pieds seront alors plus grands qu'en plein soleil).
– *Arrosages :* Voir chapitre « Entretien courant ».
– *Hygrométrie :* 60 à 80%.
– *Substrat :* par exemple, 70 % de tourbe blonde, 20 % de sable, 10 % de vermiculite. Ajoutez une fine couche de sphaigne vivante sur le dessus du sol.
– *Période de repos :* en hiver.
– *Parasites et maladies :* pucerons, cochenilles, acariens, oïdium.
– *Remarque :* ayant la réputation d'être compliquée en culture, on trouve dans la littérature, une foule de méthodes pour la réussir. Les appliquer risque de transformer vos temps libres en véritable cauchemar. Essayez plutôt un grand volume de tourbe (0,60 cm x 0,60 cm x 0,60 cm) : peut-être la fin du cauchemar.

DROSERA ARENICOLA VAR. *OCCIDENTALIS*

DROSERACEAE

Voici un petit *Drosera* dont le nom latin signifie qu'il affectionne les milieux sableux. Il arbore très souvent un feuillage rouge vif.

PRESENTATION GÉNÉRALE

– *Milieu naturel :* Amérique du Sud (Venezuela). Savanes, plateaux, sols sableux. Climat tropical, fortement changeant, créant d'importantes amplitudes thermiques.

– *Description :* plante vivace terrestre, de 3 cm de diamètre. Feuilles rondes, à spatulées. Petites fleurs blanches, pétales aux marges dentelées.

CONDITIONS PARTICULIÈRES DE CULTURE

- *Température :* 15 à 30° l'été, 12 à 18° l'hiver.
- *Lumière :* très forte luminosité.
- *Arrosages :* maintenir le substrat humide, ne jamais laisser la base du pot tremper dans l'eau.
- *Hygrométrie :* 70 à 80 %.
- *Substrat :* par exemple, 50 % de tourbe blonde, 30 % de sable, 20 % de vermiculite.
- *Période de repos :* hiver.
- *Parasites et maladies :* pucerons, champignons.
- *Remarque :* je ne peux malheureusement vous apporter des conseils pertinents, tant la culture de cette espèce est difficile. Je cherche depuis de nombreuses années, des solutions pour remédier à la perte systématique de plants, dès qu'ils ont atteint un certain stade de développement. Actuellement seule la culture in vitro me permet de maintenir un stock. Mes prochains essais se feront avec un grand volume de substrat, fortement disproportionné par rapport à celui des racines.

DROSERA BARBIGERA

DROSERACEAE

Appartenant au groupe des espèces dites « miniatures », il capture des petites proies vivant dans le substrat, comme les collemboles.

PRESENTATION GÉNÉRALE

– *Milieu naturel :* Australie de l'ouest (bande de 600 km, 200 de large, entre Hyden et Eneabba). Il vit seulement sur les sommets des collines, sols de latérite, sableux, caillouteux. Climat sub-tropical, sub-humide.
– *Description :* plante plus ou moins vivace, terrestre, de 5 cm de diamètre. Feuille elliptique, 5 mm de long. Fleurs rouges ou oranges, à centre noir, de 2 cm de diamètre.

CONDITIONS PARTICULIÈRES DE CULTURE

– *Température :* 18 à 40° l'été, 5 à 15° l'hiver.
– *Lumière :* forte lumière, même du plein soleil.
– *Arrosages :* tenir humide pendant la période de croissance (décembre à mai-juin), le reste du temps, il est nécessaire d'apporter l'eau avec parcimonie, éviter juste le point de flétrissement.
– *Hygrométrie :* 40 à 70 %.
– *Substrat :* mélange de sable (quartz) en forte quantité (80 %), tourbe blonde (10 %) et drainage grossier (10 %).
– *Période de repos :* en été, la plante ne vit que quelques mois en culture.
– *Parasites et maladies :* pucerons, botrytis qui sévit au stade des gemmes.
– *Remarque :* l'une des plus belle du groupe, la conservation se mérite. Ne perdez pas espoir; un amateur pourtant chevronné, habitant la région de Bordeaux, tente inlassablement depuis longtemps d'en réussir la culture.

DROSERA X BELEZIANA

DROSERACEAE

PRESENTATION GÉNÉRALE

– *Milieu naturel :* Hémisphère Nord (Amérique du Nord, Europe ?, Asie). Dans les tourbières, avec ses deux parents, *D. rotundifolia* et *D. intermedia*. Climat tempéré. Décrit par Monsieur G. Camus en 1895, il porte le nom de Mademoiselle Belèze, à l'origine de sa découverte.
– *Description :* plante vivace terrestre, caulescente, de 7 cm de haut. Feuilles semi-érigées, obovales. Fleurs blanches. Ne peut pas être confondu avec *D.* × *obovata*.

Bien que décrit en 1895 à partir d'échantillons récoltés dans un marais de Seine-et-Oise, il semblerait que cet hybride naturel n'existe pas à l'état sauvage en France.

CONDITIONS PARTICULIÈRES DE CULTURE

– *Température* : 15 à 30° l'été, -15 à 10° l'hiver. Culture uniquement en extérieur, tourbière aménagée.
– *Lumière* : le soleil.
– *Arrosages* : laissez agir le climat, mais surveillez de façon à maintenir le substrat marécageux.
– *Hygrométrie* : 70 à 80 %.
– *Substrat* : par exemple, 100 % de sphaigne vivante.
– *Période de repos* : hiver.
– *Parasites et maladies* : pucerons.
– *Remarque* : mes recherches personnelles, en 15 ans sur le territoire, sont toujours restées infructueuses. J'en suis arrivé à l'hypothèse que la très grande rareté de cette plante en France s'explique par le fait qu'elle n'y pousse sans doute pas… et que les deux uniques échantillons, décrits en 1895, ainsi que les nombreuses récoltes faites jusqu'à nos jours, correspondent en fait à des formes de *Drosera intermedia* dont le feuillage est polymorphe.

DROSERA LONGIFOLIA

DROSERACEAE

Si vous souhaitez le découvrir dans son milieu naturel, n'oubliez pas vos bottes. Il fréquente les zones les plus humides des tourbières.

PRESENTATION GÉNÉRALE

– *Milieu naturel :* Hémisphère Nord, (Amérique du Nord y compris l'Alaska, Europe, Japon, île Sandwich de Kauai !). Marais tourbeux, plutôt mésotrophes. Climats, tempéré, froid, tropical (en altitude). L'épithète « longifolia » discuté actuellement, risque un retour au synonyme « anglica » (M. Cheek, 1998).
– *Description :* plante vivace terrestre, de 10 à 20 cm de haut. Feuilles allongées, étroites. Fleurs blanches.

CONDITIONS PARTICULIÈRES DE CULTURE

– *Température :* 15 à 30° l'été, -15 à 10° l'hiver. Culture uniquement en extérieur, tourbière aménagée.
– *Lumière :* soleil.
– *Arrosages :* laissez agir le climat, mais surveillez de façon à maintenir le substrat marécageux.
– *Hygrométrie :* 70 à 80 %.
– *Substrat :* par exemple, 100 % de tourbe blonde.
– *Période de repos :* hiver.
– *Parasites et maladies :* pucerons.
– *Remarque :* les *Drosera* poussant en France, sont difficiles à conserver. Le *Drosera longifolia*, doit être absolument cultivé à l'extérieur. J'emploie pour cela des grands contenants de 250 litres, remplis de tourbe blonde utilisée pure. Il semble mieux se développer sur la tourbe nue, que sur la sphaigne.

Drosera regia

Droseraceae

D'ampleur remarquable, il est sans conteste le plus majestueux. Vivant en Afrique du Sud, dans une seule vallée, il est considéré comme un archétype du genre.

PRESENTATION GÉNÉRALE

– *Milieu naturel :* vallée de Baviaanskloof près de Cape Town. Zone montagneuse, sols sableux, tourbeux, sur des graviers, dans les lits de ruisseaux. Climat tempéré.
– *Description :* plante vivace terrestre, pouvant atteindre 70 cm de haut. Feuilles linéaires. Hampe florale de 40 cm de haut, portant de grandes fleurs roses.

CONDITIONS PARTICULIÈRES DE CULTURE

– *Température :* 18 à 30° l'été, 5 à 15° l'hiver.
– *Lumière :* bonne luminosité, apprécie même le plein soleil.
– *Arrosages :* adoptez la technique décrite dans le chapitre « Entretien courant ».
– *Hygrométrie :* 70 à 80 %.
– *Substrat :* par exemple, 70 % de tourbe blonde, 20 % de sable, 10 % de vermiculite.
– *Période de repos :* hiver.
– *Parasites et maladies :* principalement les pucerons.
– *Remarque :* pendant de nombreuses années, j'ai perdu régulièrement mes plantes-mères. Cultivées pourtant en grands pots de 30 cm de profondeur, presque aucune ne survivait aux étés chauds du sud-ouest de la France. Cela devenant problématique, j'ai effectué un rempotage dans de plus grands contenants.
Depuis, les pieds poussent, fleurissent abondamment chaque année, et plus aucun ne succombe. Quitte ici à me répéter, et ne pas avoir peur du ridicule, je conseille de choisir un contenant disproportionné par rapport à celui de la plante. Gardez toujours à l'esprit, que l'esthétique doit passer après la survie de vos plantes.

DROSERA SCHIZANDRA

DROSERACEAE

Ses rosettes à forte dominance verte, d'où émergent des fleurs rouge pourpre, sont tentantes. Mais si vous n'êtes pas un collectionneur aguerri, ne succombez pas à son charme.

PRESENTATION GÉNÉRALE

– *Milieu naturel :* Australie (Queensland : endémique du mont Bartle Frere) dans les sols de sable humide, des forêts de pluie. Climat tropical.
– *Description :* plante vivace terrestre, de 20 cm de diamètre. Feuilles obovales. Hampe florale, de 12 cm de long.

CONDITIONS PARTICULIÈRES DE CULTURE

– *Température :* 18 à 35° l'été, 18 à 25° l'hiver.
– *Lumière :* pas de soleil direct, pousse bien sous tube fluorescent.
– *Arrosages :* adoptez la technique décrite dans le chapitre « Entretien courant ».
– *Hygrométrie :* 80 à 90 %. Jamais en dessous.
– *Substrat :* par exemple, 80 % de sable, 10 % de tourbe blonde, 10 % de polystyrène.
– *Période de repos :* légère en hiver, mais suivant les températures prodiguées, elle peut pousser toute l'année.
– *Parasites et maladies :* pucerons et champignons.
– *Remarque :* très difficile, il faut absolument lui procurer la chaleur et l'humidité qu'il réclame. Un substrat à base de sphagnum vivant pur peut aussi lui convenir. Il se multiplie spontanément grâce à des stolons souterrains, ce qui sera bien venu, afin d'avoir quelques plantes en réserve.

DROSOPHYLLUM LUSITANICUM

DROSERACEAE

PRESENTATION GÉNÉRALE

– *Milieu naturel :* Europe du sud-ouest (Espagne, Portugal), Afrique du Nord (Maroc). Pousse dans des pinèdes sèches, sols sableux et rocailleux. Climat tempéré, semi-humide.
– *Description :* plante vivace terrestre, de 30 à 60 cm de haut. Feuilles filiformes. Fleurs jaunes 2 à 4 cm de diamètre.

CONDITIONS PARTICULIÈRES DE CULTURE

– *Température :* 18 à 40° l'été, 5 à 15° l'hiver.
– *Lumière :* forte luminosité (soleil) ou mi-ombre.
– *Arrosages :* avec parcimonie, maintenir le substrat légèrement humide en hiver et au printemps. L'été et l'automne, au sec (attendre presque le point de flétrissement pour arroser). Jamais d'eau sur le dessus de la terre; l'apporter par-dessous, à l'aide d'une soucoupe.
– *Hygrométrie :* 40 à 60 %.
– *Substrat :* par exemple, 40 % de tourbe blonde, 40 % de sable, 10 % de perlite, 10 % de vermiculite.
– *Période de repos :* été, automne.
– *Parasites et maladies :* maladies cryptogamiques.
– *Remarque :* la quantité satisfaisante de graines que donne cette plante et leur bonne germination pourraient nous suffire. Revers de la médaille, son espérance de vie en culture est courte (le temps d'une floraison) alors qu'elle est assez longue dans la nature. Je pense que le point essentiel, réside dansla compréhension de son régime d'arrosage.

La plante distille un parfum suave à longueur d'année. Les insectes attirés par tant de douceur finissent englués dans cette rosée trompeuse qui leur sert de linceul.

GENLISEA PYGMAEA

LENTIBULARIACEAE

Les fleurs de ce genre se confondent facilement avec celles des utriculaires. Comptez les divisions du calice : il est de 5 pour les *Genlisea* contre 2 chez les *Utricularia.*

PRESENTATION GÉNÉRALE

– *Milieu naturel :* Amérique du Sud (Venezuela, Brésil). Marais, sur sol humide, sableux. Climat tropical, fortement changeant.
– *Description :* Plante vivace terrestre, de 2 à 4 cm de diamètre, feuilles spatulées de 1 à 2 cm de long, couvertes de mucilage. Pièges diaphanes, en forme de fourche, possédant une petite cavité. Petites fleurs jaunes.

CONDITIONS PARTICULIÈRES DE CULTURE

– *Température :* 18 à 30° en été, 16 à 20° l'hiver.
– *Lumière :* bonne luminosité.
– *Arrosages :* vous devez ici utiliser une soucoupe plus haute que le pot. Pendant la période de croissance (printemps-été), tenir le niveau d'eau juste en dessous du bord supérieur du pot. Le reste de l'année, maintenir l'eau au quart de la hauteur du pot.
– *Hygrométrie :* 80 à 90 %.
– *Substrat :* par exemple, 90 % de sable grossier (diamètre 3,5 à 5 mm), 10 % de tourbe blonde.
– *Période de repos :* hiver.
– *Parasites et maladies :* attention aux pucerons sur les hampes florales.
– *Remarque :* c'est avec l'utilisation de pots ajourés en plastique, immergés, que j'obtiens le meilleur résultat. De même, ayant utilisé des sables plus fins, le résultat fut nettement moins bon.

Nepenthes edwardsiana subsp. *macrophylla*

Nepenthaceae

Venant lui aussi de la grande île de Bornéo, il est remarquable par l'ensemble des appendices qui entourent l'orifice de l'urne. Ce caractère est très prononcé chez les plantes adultes.

PRESENTATION GÉNÉRALE

– *Milieu naturel :* Bornéo (Mont Trus Madi). Sols ultramafiques (riches en fer et magnésium), forêts moussues. Climat tropical, humide, d'altitude. Discussion chez les grands spécialistes du genre, autour de cette plante, considérée, soit comme une sous-espèce du *Nepenthes edwardsiana*, soit comme espèce à part entière, nommée *Nepenthes macrophylla.*

– *Description :* plante vivace terrestre, ou épiphyte de 10 m de haut. Feuilles oblongues, urnes cylindriques de 28 cm de haut. Inflorescence de 23 cm de haut.

CONDITIONS PARTICULIÈRES DE CULTURE

– *Température :* 18 à 25/30° en été, 16 à 18° en hiver.
– *Lumière* : bonne luminosité, éviter les rayons directs du soleil en été.
– *Arrosages :* maintenir le sol humide tout au long de l'année, sans laisser la base du pot tremper dans l'eau.
– *Hygrométrie :* 80 à 95 %.
– *Substrat :* par exemple, 50 % de fibre de coco, 10 % d'écorces stabilisées, 10 % de gravier, 10 % d'argile, 10 % de polystyrène, 10 % de vermiculite.
– *Période de repos :* hiver.
– *Parasites et maladies :* surtout les cochenilles à carapaces.
– *Remarque :* splendide plante, dont la culture se rapproche de *Nepenthes rajah*. Apport d'engrais, par vaporisation foliaire chez les jeunes plants, par arrosage au pied chez les plantes adultes, comme pour toutes les espèces du genre.

NEPENTHES RAJAH

NEPENTHACEAE

Pour son malheur, on a découvert de jeunes rats dans ses urnes : la curiosité suscitée par cette gloutonnerie auprès des collectionneurs a failli le faire disparaître.

PRESENTATION GÉNÉRALE

– *Milieu naturel :* Bornéo (monts Kinabalu et Tamboyukon). Milieu ouvert, sur sols ultramafiques (riches en fer et magnésium), herbeux. Climat tropical, humide, d'altitude.
– *Description :* plante vivace terrestre, prostrée, de 1 à 1,50 m de haut, feuilles oblongues, lancéolées, urnes ellipsoïdales de 35 cm de haut. Inflorescence jusqu'à 1 mètre de haut. Bien qu'on ait occasionnellement retrouvé de petits rats dans ses urnes, ce n'est pas, loin de là, son régime principal.

CONDITIONS PARTICULIÈRES DE CULTURE

– *Température :* 18 à 25/30° en été, 16 à 18° en hiver.
– *Lumière :* bonne luminosité, éviter les rayons directs du soleil en été.
– *Arrosages :* maintenir le sol humide tout au long de l'année, sans laisser la base du pot tremper dans l'eau.
– *Hygrométrie :* 80 à 95 %.
– *Substrat :* par exemple, 50 % de fibre de coco, 10 % d'écorces stabilisées, 10 % de gravier, 10 % d'argile, 10 % de polystyrène, 10 % de vermiculite.
– *Période de repos :* hiver.
– *Parasites et maladies :* surtout les cochenilles à carapaces.
– *Remarque :* Sa culture, jugée comme très difficile, a malgré tout progressé, depuis la mise sur le marché de plants provenant de culture in vitro. On a souvent mentionné son inaptitude à supporter les températures chaudes (+ de 25°), et j'ai longtemps incriminé cette cause pour mes propres pieds. Mes meilleurs résultats proviennent d'un rempotage dans le substrat à base de fibre de coco mentionné ci-dessus, dans lequel ils ont très rapidement quadruplé de volume. Chose étonnante, la serre où ils sont placés atteint 40° l'été.

PINGUICULA FILIFOLIA

LENTIBULARIACEAE

D'une introduction récente, elle évoque par son aspect un *Drosera*. Les quelques essais de culture nous laissent entrevoir le long chemin restant à faire pour la maîtriser.

PRESENTATION GÉNÉRALE

– *Milieu naturel :* Ouest de Cuba (région de Pinar del Rio). Savanes marécageuses, sol sableux, avec un peu d'humus, dans les zones dégagées. Climat tropical, humide.
– *Description :* plante vivace terrestre, de 15 à 20 cm de haut. Feuilles filiformes. Fleurs de couleurs variables, bleu, roses, jaunes.

CONDITIONS PARTICULIÈRES DE CULTURE

– *Température :* 20 à 35° l'été, 20 à 25° l'hiver.
– *Lumière :* forte luminosité.
– *Arrosages :* tenir le sol humide, toute l'année.
– *Hygrométrie :* 80 à 90 %.
– *Substrat :* Difficile de préconiser un substrat, car de tous ceux qui ont été essayés, aucun n'est significativement supérieur. Toutefois pour ne pas rester dans le « désert », on peut essayer 80 % de sable, plus 20 % de tourbe.
– *Période de repos* : pas vraiment.
– *Parasites et maladies :* sensible au botrytis l'hiver.
– *Remarque :* un grand merci à Monsieur P. Temple d'Angleterre, talentueux orateur, passionné du genre *Pinguicula*. Il m'a aimablement fourni les graines, pour initialiser des cultures. Elle s'avère très difficile à conserver, hors de l'application in vitro. La solution réside peut-être dans le respect des exigences climatiques. Elle semble sur ce point ne tolérer aucun écart de température, aussi faible soit-il.

Pinguicula vallisneriifolia

Lentibulariaceae

Une des quelques plantes carnivores à supporter les eaux calcaires.
Elle illumine, par ses fleurs bleues ou blanches, les parois de certaines gorges espagnoles.

PRESENTATION GÉNÉRALE

– *Milieu naturel :* Espagne du sud (Sierra de Almijara, de Cazorla, de Ségura, de Villas). Rochers calcaires suintants. Climat méditerranéen, station des plantes dans un microclimat, plus frais.
– *Description :* plante vivace, lithophyte, de 50 cm de diamètre. Ses feuilles estivales linéaires, en forme de lanière, de 25 cm de long, font d'elle une des géantes du genre. Fleurs de 25 à 30 mm de long.

CONDITIONS PARTICULIÈRES DE CULTURE

– *Température :* 15 à 25/30° maximum, 5 à 10° l'hiver. Mes tentatives de culture extérieure toute l'année ont échoué.
– *Lumière :* éviter le soleil direct.
– *Arrosages :* délicat, maintenir le sol humide pendant la période de croissance, ne pas laisser la base du pot tremper dans l'eau. L'hiver, le sol doit rester frais, avec une légère humidité.
– *Hygrométrie :* 70 à 80 %.
– *Substrat :* par exemple, 70 % de calcaire marneux, (on doit ici endosser la peau du géologue) que vous récolterez avec parcimonie, sans saccager la zone naturelle. Ajoutez pour le drainage 20 % de perlite, 10 % vermiculite.
– *Période de repos :* hiver.
– *Parasites et maladies :* pucerons, escargots, mulots.
– *Remarque :* l'utilisation d'un substrat adéquat semble primordial, si on veut essayer de conserver cette grassette. À ma grande déception, aucun mélange artificiel n'a été probant pour remplacer le calcaire marneux.

RORIDULA GORGONIAS

RORIDULACEAE

PRESENTATION GÉNÉRALE

– *Milieu naturel :* Afrique du Sud (région près des villes de Stellenbosch, Caledon, Swellendam). Sols sableux. Climat tempéré.
– *Description :* plante vivace terrestre, arbustive de 60 cm de haut. Feuilles linéaires, lancéolées. Fleurs roses de 3 cm de diamètre.

CONDITIONS PARTICULIÈRES DE CULTURE

– *Température :* 18 à 30° l'été, 5 à 10 ° l'hiver.
– *Lumière :* forte luminosité, même le plein soleil.
– *Arrosages :* sol maintenu humide en profondeur tout le long de l'année, chose facile, si vous utilisez des contenants de 70 cm de haut sur 50 cm de large. Elle va chercher cette humidité avec ses racines.
– *Hygrométrie :* 50 à 60 %.
– *Substrat :* par exemple, 70 % de tourbe blonde, 20 % de sable, 10 % de vermiculite.
– *Période de repos :* en été dans ma pépinière gersoise.
– *Parasites et maladies :* surveillez uniquement, les moisissures qui se développent sur les feuilles mortes.
– *Remarque :* très sensible à l'humidité de l'air en toutes saisons, car elle développe des champignons sur le feuillage. Les têtes des branches sont détruites les premières et la plante meurt quelques semaines après. Pour la conserver, il lui faut impérativement un endroit ventilé. Enfin, pour noircir encore le tableau, sa germination est très mauvaise.

Carnivore ou pas, je citerai ici les propos de P. Jolivet, éminent entomologiste : « qu'elle assimile ou non ses proies, le fait qu'elle les capture, est déjà en lui-même intéressant ».

UTRICULARIA ENDRESII

LENTIBULARIACEAE

Autrefois elle avait sa place dans les serres, près des somptueuses orchidées. Il est vrai que le célèbre orchidéiste Reichenbach l'avait nommée « *Lentibulariaceous Orchid* ».

PRESENTATION GÉNÉRALE

– *Milieu naturel :* Amérique Centrale et nord-ouest de l'Amérique du Sud (Costa Rica, Colombie, Equateur, Panama). Dans la mousse qui recouvre les arbres des forêts humides. Climat tropical, humide, d'altitude.

– *Description :* plante vivace, épiphyte, stolonifère. Feuilles oblongues à oblongues-elliptiques. Fleurs de 4 cm de long, de couleur lavande ou lilas, avec une tache jaune.

CONDITIONS PARTICULIÈRES DE CULTURE

– *Température :* 18 à 30° l'été, 16 à 20° l'hiver.

– *Lumière :* bonne luminosité, pas de soleil direct.

– *Arrosages :* la base du pot doit baigner dans un peu d'eau, pendant la période de croissance. En période de repos, tenir le sol légèrement humide.

– *Hygrométrie :* 80 à 90 %.

– *Substrat :* par exemple, 70 % de racine de fougère, 20 % de polystyrène, 10 % de perlite.

– *Période de repos :* 1 à 2 fois par an, souvent après la floraison.

– *Parasites et maladies :* surtout oïdium.

– *Remarque :* les tubercules qu'elle forme laissent supposer une quelconque phase de repos dans son environnement naturel, induite, peut être, par des conditions défavorables. En culture, l'entrée en dormance des plantes marque le début d'une phase délicate, car trop d'humidité les fait pourrir. Le substrat à base de racines de fougère, très drainant, a donné les meilleurs résultats.

UTRICULARIA MULTIFIDA

LENTIBULARIACEAE

PRESENTATION GÉNÉRALE

– *Milieu naturel :* Australie de l'ouest (approximativement sous une ligne reliant la ville de Perth à celle d'Albany). Bords des marais, sols moussus, rochers granitiques, sables tourbeux. Climat tempéré à subtropical.
– *Description :* plante annuelle terrestre, de 2 cm de diamètre. Feuilles spatulées, pièges de 4 mm de long. Fleurs roses, très rarement blanches.

Anciennement nommé *Polypompholyx multifida*, il est aujourd'hui regroupé au sein des *Utricularia*, les différences au niveau de l'inflorescence étant jugées insuffisantes pour en faire un genre à part.

CONDITIONS PARTICULIÈRES DE CULTURE

– *Température :* 10 à 15 ° en hiver.
– *Lumière :* soleil.
– *Arrosages :* vous devez ici utiliser une soucoupe plus haute que le pot et tenir le niveau d'eau juste en dessous du bord supérieur du pot pendant toute la période de croissance (automne-hiver).
– *Hygrométrie :* 60 à 80 %.
– *Substrat :* elle semble apprécier un substrat très sableux, comme 70 % de sable et 30 % de tourbe blonde.
– *Période de repos :* la plante à croissance hivernale ne vit que quelques mois. Elle meurt généralement après la floraison.
– *Parasites et maladies :* pucerons.
– *Remarque :* il faut ressemer tous les ans cette plante, à la germination aléatoire. Elle reste, comme les nombreuses espèces annuelles du genre, très difficile à maintenir en culture. C'est regrettable, car sa floraison est une des plus belles avec ses fleurs si singulières.

PARASITES ET MALADIES

Il serait facile d'imaginer que ces végétaux sont à l'abri des parasites, mais il n'en est rien. Pour les combattre, vous trouverez facilement les produits dans le commerce.

ACARIENS

minuscules araignées de 1 à quelques mm, pompant la sève et tissant des toiles blanches sur le feuillage (surtout *Brocchinia, Dionaea, Nepenthes, Sarracenia*). Utilisation d'un insecticide biologique en alternance avec un acaricide courant. Prudence, ces derniers sont souvent phytotoxiques pour la plante.

ALEURODES

mouches blanches, elles adorent l'*Ibicella* qui pourtant les capture, comme les autres espèces à feuilles collantes. Traitement avec un insecticide biologique.

CHENILLES

celles dites défoliatrices, font surtout des dégâts sur *Pinguicula*. Le meilleur traitement est l'utilisation d'un produit biologique contenant *Bacillus thuringiensis*. Les *Sarracenia* sont parasitées par les genres *Exyra* et *Papaipema*, fort rares en culture.

COCHENILLES

il en existe de deux sortes : à carapaces et floconneuses, surtout sur *Catopsis, Brocchinia, Nepenthes* et *Sarracenia*. Les premières ont l'aspect d'une coque marron, elles sont facilement éliminées avec un produit à base de malathion, ou un systémique. Les secondes ressemblent à de petites masses blanches, elles sont impossibles à détruire totalement. Utiliser un insecticide systémique.

PUCERONS

bien connus, ils attaquent toutes les espèces, même les aquatiques (hampes florales). Facile de s'en débarrasser avec un insecticide biologique ou chimique, mais prudence avec ce dernier, car les *Byblis, Drosera, Pinguicula* ont un feuillage sensible.

LIMACES ET ESCARGOTS

dévorent surtout les *Pinguicula*, parfois les *Drosera* et *Sarracenia*. Utilisation d'anti-limaces contenant un répulsif pour chiens et chats.

RONGEURS

protégez vos *Pinguicula* à hibernacles; cet organe est une vraie "friandise" pour eux. Placez des appâts empoisonnés.

CHAMPIGNONS

des genres *Botrytis, Pythium, Phytophtora, Oïdium*, Leurs infections, souvent sournoises et rapides, ne vous laissent que peu de temps pour agir. Utilisez des fongicides du commerce.

Urne de sarracénie attaquée par des cochenilles floconneuses, provoquantl'apparition d'un champignon au feutrage noir, nommé fumagine.

ANNEXES

LA PROTECTION DES PLANTES CARNIVORES

Certaines sont plus ou moins menacées de disparition; heureusement des mesures sont prises pour protéger les milieux où elles vivent, ainsi que les plantes elles-mêmes.
À noter l'introduction des plantes carnivores sur la liste Cites* (Annexe I et II). Y figurent les *Dionaea*, *Nepenthes*, *Sarracenia*, dont le commerce est de ce fait, réglementé et contrôlé.
Byblis, *Cephalotus*, *Darlingtonia*, précédemment inscrits sur cette liste, viennent d'en être retirés dans l'année 2000.
Il se peut parfois que ces genres et quelques autres soient concernés par des mesures de protection dans leurs pays, par exemple l'*Aldrovanda* et les *Drosera* en France par l'arrêté du 20 janvier 1982.
En 1997 la « Liste Rouge des Plantes Menacées » de l'IUCN mentionne 7 genres sur les 18 (*Dionaea*, *Drosera*, *Nepenthes*, *Pinguicula*, *Sarracenia*, *Triphyophyllum*, *Utricularia*). Des espèces leur appartenant sont concernées.
Il est donc absolument nécessaire que vous n'achetiez que des plantes provenant de pépinières. Et bien sûr, celles qui appliquent les réglementations internationales, et celles de leur propre pays, sur la protection des espèces végétales d'origine sauvage.
Vous devez détenir les justificatifs (factures, tickets, feuilles d'échange).
À titre d'exemple, l'*Aldrovanda* doit être munie d'une étiquette légale, prouvant que la plante provient de culture agréée, ainsi que d'une facture.

POUR L'ACQUISITION EN MÉTROPOLE :

- des espèces de *Drosera* et d'une *Utricularia*, vivant en France.
- de plantes inscrites au Cites.

Il faut une facture ou un justificatif de l'acquisition.

POUR L'ACQUISITION EN PROVENANCE DE PAYS ÉTRANGERS (CEE) :

- de plantes protégées dans le pays.
- de plantes inscrites au Cites.

Il faut une facture (ou un justificatif) pour les plantes en Annexe II.
Il faut une facture (ou un justificatif) et obligatoirement un certificat Cites d'exportation pour celles de l'Annexe I.

POUR L'ACHAT EN PROVENANCE DE PAYS ÉTRANGERS (HORS CEE).

- de plantes protégées dans le pays.
- de plantes inscrites au Cites.

Il faut une facture (ou un justificatif) et obligatoirement un certificat Cites d'exportation et d'importation, quelle que soit l'Annexe, ainsi qu'un certificat phytosanitaire.
On peur se procurer les certificats d'importation et d'exportation Cites à l'adresse suivante :
Ministère de l'Aménagement du territoire et de l'environnement.
Direction de la Nature et des paysages.
Bureau des échanges internationaux d'espèces menacées (Convention de Washington)
20, avenue de Ségur
75302 PARIS 07 SP

**Cites : Convention sur le commerce international des espèces de flore et de faune sauvages menacées d'extinction (dite Convention de Washington)*

POUR EN SAVOIR PLUS

LE MONDE ASSOCIATIF

Association Française d'amateurs de Plantes Carnivores :
Dionée, 2, avenue du Bayonnais
40510 Seignosse.
Site Web http://www.multimania.com/dionaea/
À l'étranger, elles sont très nombreuses. La plus importante et incontournable est :
ICPS, Inc. - PMB 330
3310 East Yorba Linda Blvd.
Fullerton, CA 92831-1709, USA
Site Web http://www.icps@carnivorousplants.org
Elle possède dans son site des liens très divers sur le sujet.

VOIR DES PLANTES CARNIVORES

En France les jardins botaniques institutionnels (Besançon, Brest, Lyon, Nancy, Orléans, Paris, Rouen, ...), les jardins privés qui se visitent (Cetonia 31, Parc Floral de Haute Bretagne 35, Parc Phoenix 06, Tropical Gardens 40, Végétales Visions 47, ...), vous permettront, entre autres, de les admirer. La visite des tourbières aménagées (Auvergne, Doubs, Dordogne, ...) est une excellente approche des biotopes qui les abritent.

ADRESSES DE SPÉCIALISTES

Marcel Lecoufle, 5 rue de Paris,
94470 Boissy-Saint-Léger
(tél. 01 45 69 12 79)
Un choix de *Sarracenia*.
Nature et Paysages,
32360 Peyrusse-Massas
(tél. 05 62 65 52 48)
Très vaste choix et espèces rares.
Un site Web plein d'informations, bon complément de ce chapitre, à l'adresse :
http://www.gascogne.com/natureetpaysages
Il existe de par le monde d'autres pépinières, vous trouverez leurs adresses auprès des associations ou sur internet.

BIBLIOGRAPHIE CONSULTÉE

Articles
Heslop-Harrisony. « Carnivorous plants », Scientific American, vol.238, n° 2, 1978.
Jolivet P. et Vasconcellosneto J. « Convergence chez les plantes carnivores », La Recherche, n° 253, 1993.
Jebb M., Cheek M. « A Skeletal Revision of Nepenthes », Blumea 42, 1997.
Gibson R. « The Drosera spatulatha complex... », Communication personnelle, 1999.
Bulletins & Associations
Carnivorous Plant Newsletter, Journal de l'ICPS.
Dionée, revue d'amateurs de plantes carnivores.

Ouvrages
Baffray M. Brice F. et Tournier J.P. *Nature et culture des plantes carnivores*, Edisud, 1989.
Baffray M. Brice F. et Danton P. *Les Plantes carnivores, des pièges au détour de l'image*, Nathan, 1992.
Casper C.J. *Monographie der Gattung Pinguicula*, Bibliotheca Botanica, Stuttgart, 1966.

Fleurs de *Dionaea*

Clarke C. *Nepenthes of Borneo*, Natural History Publication, Borneo, 1997.
Jolivet P. *Les Plantes carnivores*, coll. Sciences et découvertes, n° 22, Le Rocher, 1987.
Juniper B.E., Robins R.J. et Joel D. *The carnivorous plants*, Londres, Academic Press, 1989.
Lecoufle M. *Comment choisir et cultiver vos plantes carnivores*, Bordas, 1989.
Lowrie A. *Carnivorous plants of Australia*, vol. 1, 2, 3,University of Western Australia Press, 1987,1989 et 1998.
Schnell D. *Carnivorous plants of the United States and Canada, Caroline du Nord*, John F. Blair, 1976.
SlackA. *Insect-Eating plants*, Alpha Books, 1986.Trad. française, Diagone/Calmann-Levy, 1988.
Taylor P. *The Genus Utricularia : a taxonomic monograph*, Kew Bulletin, Royal Botanic Gardens, 1989.

REMERCIEMENTS

Partie désuète pour les uns, essentielle à mes yeux, tant les personnes énumérées ci-dessous, de près ou de loin, ont pris une part importante dans ma passion pour ces végétaux fascinants. Du simple soutien moral, ou physique, pour la confiance portée, pour l'expérience partagée de chacun dans des domaines similaires ou différents. À vous tous, ma profonde reconnaissance et de tout cœur merci.
Précision, il me reste très peu de caractères. Excusez les oublis. Donc bloc !
Monsieur Y.-M. Allain qui m'a fait l'honneur de préfacer ce livre. Les collectionneurs qui ont bien voulu écrire quelques lignes sur leur expérience : Pierrejean, Fournol, Auber, Utz, Zunino, Hugentobler, Lavayssière, Chantepie. Les Jardins Botaniques Institutionnels. Mais aussi M. et P. Logeais, N. et R. Pardo, C. et C. Venet, S. Faye, L. et F. Vernat, C. et P. Latour, M. et J. Fournier, L. Mustin, Antoine, Eliane, Fred, J. Piquet, F. et B. Pratte/Richez, N et W Texier/Khedi, P. Sanvert, R. Savelli, J.L. Marcenac, E. et F. Maraux, JP. et V. Goursaud, L. Legendre, E. Partrat, P. Richard, A. Raynal-Roques, D. et M. Gal/De Latour, et leur fils Damien jeune botaniste en culotte courte. Pour les ballades naturalistes avec J. Lapalisse. Complicité et air frais avec J. F. Bataille dans « Vent Sud ». Pour l'indispensable technique photographique de F. Dubreuil de « Numeriphot ». À tous ceux aussi, cités dans le premier livre.
Sans oublier, mon maître René Pical, mes parents, mon frère. L'aide et la présence irremplaçable de ma compagne et notre chien Mitis qui a su garder les moutons.
C'est terminé, je vous laisse, car là-bas dans les serres, on me fait signe; les pensionnaires impatientes attendent leur repas.

INDEX

Index des fiches de culture par espèce (noms scientifiques).